字说修养

顾 易 著

SPM 南方出版传媒·广东人民出版社
·广州·

图书在版编目（CIP）数据

字说修养 / 顾易著. — 广州：广东人民出版社，
2020.5

ISBN 978-7-218-14169-5

Ⅰ.①字… Ⅱ.①顾… Ⅲ.①汉字—通俗读物
Ⅳ.①H12-49

中国版本图书馆CIP数据核字（2020）第000924号

ZISHUO XIUYANG

字说修养

顾 易 著

出 版 人：肖风华

责任编辑：胡艺超　梁敏岚
责任技编：吴彦斌　周星奎
书籍设计：赵焜森　张雪烽

出版发行：广东人民出版社
地　　址：广州市海珠区新港西路204号2号楼（邮政编码：510300）
电　　话：（020）85716809（总编室）
传　　真：（020）85716872
网　　址：http://www.gdpph.com
印　　刷：广州市人杰彩印厂
开　　本：787mm×1092mm　1/16
印　　张：17.5　字　　数：250千
版　　次：2020年5月第1版
印　　次：2020年5月第1次印刷
定　　价：98.00元

如发现印装质量问题，影响阅读，请与出版社（020-85716849）联系调换。
售书热线：（020）85716826

序
从"修养"两字说起

《名联佳对》记载:苏轼任杭州刺史时,只身微服到莫干山游玩。当时正值盛夏,口渴之际,他来到山中的一座道观,刚进观门主事的道人看到苏轼衣着简朴,便漫不经心地说了声"坐!"又对身边的道童吩咐说:"茶!"

苏轼落座后,同道人交谈起来。道人觉得来人见多识广,谈吐不凡,心理揣度此人绝非等闲之辈,便把苏东坡引入厢房,热情礼让:"请坐!"并高呼道童:"泡茶!"

随后,便打听来人的姓名,方知来者是刺史大人苏学士,道人顿时肃然起敬,连忙引苏轼到客厅,连声说道:"请上座!"并嘱咐道童:"泡好茶!"

歇息一会儿后,苏轼要告辞了。道人连忙取来纸笔,恭请苏轼题字留念。苏轼也不推辞,挥毫书写了这样一副对联:"坐,请坐,请上座;茶,泡茶,泡好茶。"那道人看了,知是苏轼在揶揄自己,顿时面红耳赤,羞愧不已,忙躬身道歉。

这副对联以道人的话连缀而成,讽刺了那些以衣冠取人,看人上茶的势利行为。

有修养的人,不媚上欺下,不把人分为三六九等,也不以衣冠取人,而以平等、谦和的态度待人。

那么,什么是修养?这要从"修养"二字说起。

修,形声兼会意字,异体为"脩"。

小篆为𦠄，由𢼸（攸）和"彡"（彡，赋形着彩）组成，表示细心从容地上色。攸，既是声旁也是形旁，是"悠"的省略，表示缓慢、从容。"攸"为持器焙熨人背治病，以此为隐喻，表示物有损坏而治理装饰，也意为修治，"彡"是须毛和画饰的花纹，为装饰之用，故"修"有修饰、修理之意。修字的本义为从容装饰、精心美化。

《说文·彡部》："修，饰也。从彡，攸声。"本义为修饰。《九歌·湘君》："美要眇兮宜修，沛吾乘兮桂舟。""宜修"指修饰恰到好处的意思。人们常常修剪、修饰、装修身边的事物，修也因此引申出整治、改造的含义，对有缺陷的东西，我们需要进行修补、修理、修改，如"外结好孙权，内修政理""乃重修岳阳楼"。修既是对外表的装饰，也是对内心的改造提升，强调人要通过修炼、修行、修身来提高自己的修养。在人类的审美视角中，常常以细长为美，不少人追求通过锻炼、控制饮食等方式，炼成修长的身材，因此，修还有细长、修美之义，如"邹忌修八尺有余""此地有崇山峻岭，茂林修竹"。

养，形声字。

甲骨文为𦫳，由𦍌（羊）和𢺵（攴，手持鞭子）组成，表示手持鞭牧羊，含放牧饲养之意。

金文为𦍌，承续了甲骨文字形。

篆文为𩛬，由𦍌（羊）和𩙿（食，喂食）组成，从羊、从食，突出了用食饲养之意。古代称放牛为"牧"，称放羊为"养"，后来"养"专指圈喂家畜家禽。

《说文·食部》："养供养也。从食，羊声。"本义为饲养，供养。"祭而丰，不如养之薄也。"养有饲养动物的意思，如养鱼、养猪、养鸭等养殖产业。养还是对植物的培植，如养花。动植物的成长需要足够的食物，这就是养分、养料。养用于人，指培养、修养、养育，如"我善养吾浩然之气""善养生者，慎起居，节饮食""家家养男当门户，今日作君城下土"。养可指父母与子女之间的领养关系，如养父、养母、养子、养女。养又引申为照看、呵护，如养病、疗养、养心等。《周礼·疾医》："以五味五谷五药养其病。"《礼记·郊特牲》："凡饮养阳气也，凡食养阴气也。"养还用于评价人的综合素质，如修养、涵养、教养。

"修养"一词出自唐代诗人吕岩的《忆江南》："学道客，修养莫迟迟，光景斯须如梦里。""修行"是指对内心思想和行为的改造，"修为"是修行的程度，而"修养"则是指通过修行后表现出来的一种状态。

中国传统文化非常重视修养问题，认为修养是实现人生理想和创造人生价值的根本途径。《礼记·中庸》记载："凡为天下国家有九经，曰：修身也，尊贤也，亲亲也，敬大臣也，体群臣也，子庶民也，来百工也，柔远人也，怀诸侯也。"天下九经，修身为本，如《礼记·大学》所曰："自天子以至于庶人，壹是皆以修身为本。"把正心修己看作自我完善和提高的首要条件，将内在修养与外在事业的一致与和谐视为理想人格的最高境界。"修身、齐家、治国、平天下"作为儒家倡导的生命追求和人生道路，修身养性是极其重要的环节，修身是成就君子、为正义的前提和基础。孔子提倡"修己以敬""修己以安人""修己以安百姓"的人生理想和目标，"修身"的目的是"齐家""治国""平天下"，并在长期的躬行实践中总结出一系列的修养方法。如内省慎独、慎言敏行、养气持志、知足节欲、重义轻利等。

修养之于古人，不仅是个人性格的修为，待人处世的智慧，亦是一种人生价值的塑造，以及人生意义的追求，贯穿于两千五百年的中国古代思想史。修养之于今日，其内涵则更为丰富，包含了一个人的知识水平、性格陶冶、道德境界、心灵修炼，它是指人们在发展和完善自己的过程中所自觉付出的努力，以及一个人在待人处世过程中表现的风度、仪表，也指人们在思想、政治、道德、学术、技艺等方面的勤奋学习和自觉锻炼，以及经过长期努力所拥有的能力、思想品质等。

人类的一切文明都是以人生修养为基础的，获得人生幸福的过程就是提高人生修养的过程，有什么样的修养，即铸就什么样的人生。修养，既是灵魂的躁动，也是灵魂的安放。修养，体现了一个人的文明素质，同时也能消除人生的种种烦恼和痛苦。修养，不应以任何具体的目的为追求，一如所有为了自我完善而作出的努力，本身便有意义。修养，应为"求诸己""内省吾身"的自主自觉的过程，其目的绝不仅仅在于懂得伦理知识和道德准则，而是重在以之规范自己的行为。修养，不应是朝向某些狭隘目标的艰难跋涉，应为不断认识自己、发展自己、塑造自己、完善自己的过程，从中探寻生活的真谛、幸福的意义，以求得更好的生存与发展。

第一，修养是人区别于动物的本质特征和基本的要求。修，由"亻""丨""攵""彡"组成，"攵"和"彡"指修饰、修炼；"亻"指人，意味着人是修炼的根本；"丨"是竖直、直立，指人的内心要正心归一。修字寓意修人要从心开始，通过不断地修炼内心，清除内心的杂念，改邪归正，才能不断提高自我修养。修行就是修心，修持一颗平静的心，心放正了，一切都会安然。《礼记·大学》："欲修其身者，先正其心。"要修身，需先修心。在生活中，修正我们的言行举止，能在心里打好仁德基础。修心最难的，难在战胜自己的欲望与降伏内心的妄念，这就需要我们在艰难困苦中，培养一种宽忍、坚强、乐观的心态。"修"可谓致广大而尽精微，从修心，到修身，到修言，都是人生的修行境界。穿衣时"衣贵洁，不贵华。上循分，下称家"，就修出了一份从容端庄，对仪礼的敬重；吃饭时"对饮食，勿拣择。食适可，勿过则"，就修来了一份对获得的感恩，对贪欲的释然；睡觉时"朝起早，夜眠迟。老易至，惜此时"，就修来了一份对生命的尊重；说话时"凡出言，信为先。诈与妄，奚可焉"，就修来了一份口德的涵养。修首先是对人的学识、品德的培养。

孙叔敖任楚国宰相时，全国官吏和民众都来道贺。但是，有一位老人却穿粗麻衣，戴白帽子以丧服吊唁他。众人都觉得老人真是触霉头，孙叔敖却赶紧整冠肃衣迎接老人，虔敬地请教他："楚王不知道我能力不好，委我相位，众人都来向我道贺，但我恐怕以后要承受百姓的责怪。您说来吊丧，一定有高见要指教吧？"

老人说："的确有些话想提醒你：身份高贵而对人骄傲，必会被人民抛弃；地位高而擅权，必遭君王讨厌；俸禄多而不知足，必招灾祸。"孙叔敖恭敬地道谢："谨遵教诲，您还可以再教我一些吗？"老人说："地位越高，态度要更谦卑；官位越大，要更加细心；俸禄越多，取舍更要谨慎。能谨守这三点，就足以治好楚国了。"孙叔敖虚心听取了老人的话，成为廉洁的名相，上任三个月，楚国大治。

孙叔敖的低姿态，是对内心的打磨修炼，去掉傲慢、狂妄、虚幻，低下头，脚踏实地，虚怀若谷，才能真正提高修养。诚如有人问哲学家说："从地到天究竟有多高？"哲学家道："二尺高。""为什么这么低呢？我们人不都长得至少有四、五、六尺高吗？"哲学家答："所以，凡是超过三尺高的人身，要立足于天地间就要懂得低头。"所谓"低头是稻穗，昂首系莠稗"，越成熟的稻穗，头垂得越低，只有坏稗麦头才抬得高高的。

第二，修养的根本是塑造善良的品格。养从羊，羊是善美之头，羊是善良的化身。羊是人类最早驯服的动物之一，它可以拉车，可以给人类提供肉食，可以用来御寒，可以用来祭祀，活着时为人奉献，死了依旧为人奉献。羊食草，性温顺，知忍让，是动物界的楷模。"羊"字还是"善""義"之头，这表明提高人的修养，首要的是培养人的善良之心、忠义之心。修养的核心是修心。

修身养性是儒家的重要观点，儒家提倡通过"仁"实现修身养性的目的。孟子认为："孝子之至，莫大乎尊亲。尊亲之至，莫大乎以天下养"。以字为养，谓之"字养"，以养为教，谓之"教养"，以"教养"教天下之民，而天下之老得以养；以"字养"养天下之老，而天下之民得以教。孔孟认为提高人的修养，首要的是培育人的"仁"性，只有人与人之间的体谅和关爱、互助，才能造就社会和谐共生的融洽。

人类之所以高贵，乃在于有修养。中国是一个特别注重道德修养的国家。修养是一种传统美德，修养是一种思想境界，修养是一种精神追求。因为修养是我们摆脱低级庸俗，克服自私自利，追求高尚人格，实现完美人生的重要途径。人从一出生开始，就生活在家庭、族群、团体、国家等各种社会关系之中，面临着各种错综复杂的人际关系。所谓修养，就是要协调处理好自己与内心、他人、社会、国家的关系，努力使自己的思想、道德、情操、行为达到一个更高的境界、一个更高的水平。修养，要求对国家要忠，对父母要孝，对子女要慈，对亲人要恭，对朋友要诚，对他人要敬，对老人要尊，对小孩要爱。说到底，就是与人为善，把品格塑造放在第一位。古罗马哲学家西塞罗说："修养之于心地，其重要犹如食物之于身体。"

众所周知，德国是引发两次世界大战的"罪魁祸首"，所幸的是，德国社会能够深刻反思这段不光彩的历史，甚至因此格外重视对孩子善良品格的培养，并将其列为教育的重要部分。爱护小动物是德国孩子接受的"善良教育"的第一课。在孩子刚学会走路时，不少德国家庭就特意为孩子喂养了小狗、小猫、小兔等动物，并让孩子在照料小动物的过程中，学会体贴入微地照顾弱小的生命，从而使孩子们从小就有善待生命的意识。同情、帮助弱小者也是德国教育的一项重要内容。在成人社会的倡导、鼓励下，孩子们帮助盲人、老人过马路早已蔚然成风。今天的德国，是一个文质彬彬的国家，德国人普遍地显得有修养，做事严谨认真，同他们的教育方式不无联系。反之，当前的中国，我们的教育存在急功近利的现象，虽然提出了德、智、体、美、劳全面发展的要求，但在应试教育面前，对于善良的修养和人性的培育还不够，这种现象值得深思。

第三，修养的重要内容是确立感恩之心。繁体的"養"，从羊，从食。正所谓"羊有跪乳之恩，鸦有反哺之义"，小羊跪着吃奶，小乌鸦能反过来喂养老乌鸦，为此，"养"字表示长辈哺育了晚辈，晚辈以美食供奉尊老，告诫我们人不能忘记恩情，一个有教养的人，不在于他的学问有多高，而在于他是否有一颗感恩的心。

《时间简史》的作者史蒂芬·霍金，因卢伽雷氏症，失去了行动能力。二十多年来，他只能让自己固定在轮椅上，不能说话和写字，仅靠三根手指敲击键盘与外界交流。在这样的境遇下，他成为一名卓越的相对论宇宙理论物理学家，向人们展示了前所未知的宇宙创生和演变历程。

在一次采访会上，有人问霍金："什么是您最大的感悟？"他回答说"幸运"。

幸运？在场的人都很惊讶，似乎这个词用在他身上不合适。就在这时，霍金用还能活动的手指艰难地敲击着键盘，大屏幕上出现了一行文字：

我的手指还能活动；

我的大脑还能思维；

我有终生追求的理想；

有我爱和爱我的亲人和朋友；

对了，我还有一颗感恩的心……

一阵沉默之后，全场响起了掌声。

霍金用一颗感恩的心，表达了他对生命的珍重、对生活的热爱、对亲人关爱的知足。当他身体遭遇重大疾病时，他虽然经历了沮丧，但没有怨天尤人，而是用感恩之心去化解心中的怨气，以澄明的心态和坚毅的意志继续生活。有人说："滴水之恩，涌泉相报。"有修养的人必是懂得感恩的人，"施恩不记，知恩必报。"

第四，修养既要内修仁性，又要外修仪表。"修"有"攵""彡"，"攵"似人提起衣领以整理衣服的动作，"彡"代指外表的修饰。因此，修养要内外兼修。欧阳修在其《左氏辨》写道："君子之修身也，内正其心，外正其容而已。"判断一个人道德修养的高低，思想端正自是一个重要标准，而容貌仪表也是一个不容忽视的方面，很难想象一个蓬头垢面、衣冠不整的人有很高的修养。外修气质、仪表，内修心性、品德，乃所谓君子提高自身修养之法。一个人的言行举止，衣食住行，都是内在修养的体现。一个人仪态端正，举止得体，彬彬有礼，在西方称之为绅士风度，我国古代则称之为君子风范，今天则被看成一个有教养的人。英国作家罗斯金说："文明就是要造就有修养的人。"

第五，修养是融注于人的血脉之中的一种习惯。修养首先在于修，修是一个修炼的过程，关键还在于养，即习惯的养成。如优雅的举止、文明的用语，都是一种自然流露，都是一种习惯。

修养是一个既抽象又具体的概念，从字面来看，包括"修身"和"养性"两个部分。从"修"字所蕴含的丰富内涵来看，人生修养可以分为五个层次：

一是科学知识修养。这个层次最核心的一个字是"真"，就是认真地学习客观事物和人类社会的发展规律，拥有生活常识，科技知识，生活、生产技能，脱离愚昧，走向智慧。"德之不修，学之不讲，闻义不能徙，不善不能改，是吾忧也。"孔子把道德修养、读书学习和知错即改三个方面的问题相提并论，在他看来，三者之间有内在联系，因为进行道德修养和学习各种知识，最重要的就是要能够及时改正自己的过失或"不善"，只有这样，修养才可以完善，知识才可以丰富。

二是伦理道德修养。这个层次最核心的一个字是"善"，就是崇德向善、慈悲为怀，用"善"去对待他人、对待自然，处理好人与人、人与自然之间的关系，达到和谐的境界。善是由内而外的诠释由己及人，为他人着想的自律，为他人方便的考虑，为他人舒适的情怀。善良是人生的底色，如白雪，如阳光，亦如溪流山泉。任世间尘埃遍布，唯善良之心能始终一尘不染，涤荡着心灵，冲刷着俗世。有修养的人，内心一定会有风景，而善良就是其中最亮丽的风景。

三是心理性格修养。这个层次最核心的一个字就是"和"，即平和的心态、心境、心情，也就是拥有较高的情商，有好的脾气和乐观向上的心态，去战胜人生路上的各种困难和险阻。有修养的人，最终一定是一个平静的人。"除去浮花，修养残躯，安排暮景"。静是相对的，动是绝对的。之于人生，静是一种常态亦是一种动态。在人生的精力旺盛期，是动中有静，动中育静，表面波澜不惊，实则暗流涌动，汹涌澎湃。在人生的暮年时期，则是静中有动，坐看庭前花，望尽云卷舒。一卷在手，安之若素，一杯茶，亦能恬淡生香，一方静室，亦能修身养性。平和，是一种风度、一种哲学、一种品格、一种心境，世间一切事，总是从心而起，从心而灭，能够修养得心气平和，自然身体安泰、万事吉祥。"境随心转""心净则一切净"，这就是平和的修养之道。

四是文化艺术修养。这个层次最核心的一个字是"美"，即美的生活、美的发现、美的创造和美的享受，使一个人脱离了低级趣味，变得高雅、优雅。气质，是一个人的内在涵养或修养的外在体现，而不是表面功夫，如果胸无点墨，那任凭再华丽的衣服装饰，也只能给别人肤浅的感觉。一个人的真正人格魅力源于心性的修为。气质美看似无形，实为有形，它通过一个人对待生活的态度、个性特征、言行举止等表现出来，于举手投足之间。走路的步态，待人接物的风度，皆属气质。朋友初交，互相打量，能一见如故者皆因其作风举止。热情而不轻浮，大方而不傲慢，则自然表露为一种高雅的气质。而高雅的兴趣是气质美的一种表现。例如，爱好文学并有一定的表达能力，欣赏音乐且有较好的乐感，喜欢美术而有基本的色调感，这不一定与职业有关，但一定是内心的爱好，个人的修养。

五是生命关怀修养。这个层次最核心的一个字是"悟"，这是生命从"自为"阶段到达"自在"阶段，有所感悟、有所觉悟。有修养的人，是一个阅历丰富的人。一个人的阅历、学养决定了一个人的思想程度，也决定了一个人所处的社会地位，更决定了一个人的人生态度。修养是一个人阅历丰富后的练达，是百般经历后的沉稳，是学富五车后的厚重，既"拿得起"又"放得下"，既有追求，又看得透，达到孔子所说的"从心所欲"的状态，摆脱了物质的、外在的欲望的束缚，在自由的天地里遨游，实现了人生的终极价值。

这五个层次，契合了《礼记·大学》格物、致知、诚意、正心的四大内容。这五个层次呈现宝塔状，既可以一层层地修炼，像爬楼梯那样，逐步地提升，但也要勇猛精进；同时，也要学会辩证思维和创新性思维，从渐悟中获得顿悟，使我们的人格臻于完善。字说修养，以这五个层次作为基本框架，每个层次选择10～12个字，讲述人生修养之道，期待读者能从中得到启发，成为一个有教养、有学养、有素养的人。

目 录

真\实：正直为人，头脑充实

学\习：以觉为上，以行为要

精\专：万事之成，贵于精专

博\通：强学博览，以通古今

知\识：口述如矢，言谈显识

智\慧：足智多谋，心静生慧

科学知识修养

字说修养·第一篇

真实

正直为人，头脑充实

现代著名教育家陶行知说："教师的职务是'千教万教，教人求真'；学生的职务是'千学万学，学做真人'。"一个"真"字道出了教育的根本和做人的真谛，廓清了中国传统教育中存在的虚假伪善的尘垢，指明了现代教育最重要最本质的属性。作为现代进步教育思想的实践者，教师应牢记陶行知先生的话，教学生求真知，学真本领，养真道德，说真话，识真才，办真事，追求真理，做真人。以"真"字作为自己的立教之本，教人求真，学做真人。

"真"，会意兼形声字。《说文·匕部》中解释："真，仙人变形而登天也。从匕，从目，从乚；八，所乘载也。"本义指存养本性或修真得道的人，这样的人为真人。

真，甲骨文🝔，从鼎、从人，会人就鼎取食美味之意。

金文🝔，变成从贝，从倒人，成了人取食鲜贝。

小篆🝔，从匕，表示反省完善自身；从目，指眼睛；下面是"乚"和"八"，表示仙人登天乘坐的器具。四个部分合起来，表示得道升天的人。

"真"的本义为美食美味，是"山珍海味"之"珍"的本字，后引申为存养本性或修真得道的人，就是真人。"真"由本义引申指客观存在的、真实的，与"假"相对。如"真迹""真谛""真相"。"真"还指诚实、本性、清楚等。"真善美"是人类社会共同向往的，与"真"相关的词和成语大多是赞美的，如对真诚、真情、真理、真相的肯定，用"真才实学"赞扬一个人有真正的才干和学问，"真情实意"表示十分真实的情意，"真心诚意"说明心意真实恳切，"真知灼见"表示有正确而透彻的见解等。

实，繁体字为"實"。

🝔，金文，上面∩（宀，即"家"的省略），中间🝔（贮物柜），下面🝔（贝，钱财）。🝔，合起来表示家里藏有宝贝，引申指家中殷实富有。有的金文🝔误将贮物柜🝔与🝔（貝）合写成🝔（貫），表示钱财万贯。

篆文🝔承续了金文的字形。

隶书🝔承续了篆文的字形。简体"实"依据草书字形简化而来。

《说文·宀部》："实，富也。从宀，从贯。贯，货贝也。"造字本义：家境富裕，柜中藏贝。引申指充满、充实。如《素问·调经论》："有者为实，故凡中质充满皆曰实。"《孟子·梁惠王下》："而君之仓廪实，府库充。"汉·贾谊《论积贮疏》："管子曰：'仓廪实而知礼节。'"

真实与虚假是相对立的。在今天这个社会中，由于有些人太过于追求功利性，真情、真心贬值了，出现了虚情假意，甚至有的搞假冒伪劣。也由于现在造假的东西太多，人们对"真"更加渴求。知难之难，难于别真伪。不过，人们虽然感到"真"的可贵，却也感叹实事求是难，自知之明难，敢说真话难。尽管如此，"真"还是我们的治学要求，我们的修养追求，也是为人处世的基本原则。

"真实"是人生的一种追求和信仰

"真"字隶变后楷书写作"眞"，由"匕""目""ㄴ""八"组成，目，表示眼睛，目为求真之阶梯，分清真假，看清本质。真实是人生的命脉，是一切价值的根本，是成功的秘诀。德国戏剧家布莱希特说："真理是时间的孩子，不是权威的孩子。"

许多科学家为了追求真理，不怕走上断头台。布鲁诺为坚持日心说，面对宗教裁判所的审判，毅然走向焚火台。许多仁人志士为了坚持真理，不怕抛头颅、洒热血，夏明翰《就义诗》："砍头不要紧，只要主义真。杀了夏明翰，还有后来人。"屈原说："路曼曼其修远兮，吾将上下而求索。"这个求索就是对真理的追求和向往。

古往今来，有的人为追求真理，获得了成功，但也有的人献出了生命。其实，坚持真理，讲真话，需要有一个清明、公正的社会环境和氛围。

清朝末年，谭嗣同为了追求民主进步，致力于实现清政府的政治改革，他不畏封建势力的迫害，始终都坚持着自己的追求。维新变法失败后，在被捕的前一天，他的朋友仍劝他暂时到日本躲避一下。然而谭嗣同说："世界各国的变革，没有不经流血牺牲而成功的，现在中国还没听说因变法而流血牺牲的人，这就是中国不昌盛的原因。要有人流血牺牲的话，请从我谭嗣同做起。"最后，谭嗣同正是由于这种执着的精神而受到清政府的迫害，被杀于北京菜市口。

"真实"是一种真诚、诚实的品德

楷书简体的"真"字，从"十"，从"目"，表示十目相视，来不得半点虚假，实事求是，一就是一，二就是二，以本来的面目做人处世。"善良的脸是一封推荐信，诚实的心是一张信用卡"。真实是美，虚假是丑。教育家陶行知也说："千教万教，教人求真；千学万学，学做真人。""真"是对客观事实的尊重，是人最基本的品德。"真"字有"目"，就是说要亲自目睹，不能道听途说。既不夸大，也不缩小，更不能无中生有。真诚、诚实是最有力量和最值得信赖的，也是最优良的品德。

美国著名作家马克·吐温年轻时爱上了一个叫莉薇的姑娘，这位姑娘的父亲要求他提供证明自己品行的材料，于是他让别人用纸写下对自己的评价，谁知里面多是讲他坏话的。但马克·吐温还是把这些材料交给了姑娘的父亲。这位父亲看了材料问："难道你真是像他们写的那样吗？"马克·吐温回答说："这就是他们对我的看法。"姑娘的父亲说："那好吧，你和我女儿结婚吧！我对你的了解比他们多。因为你首先是一个诚实的人，不隐讳别人对你的看法；其次，你是一个勇敢的人，敢于把对自己不利的材料拿来求婚。"这个事例告诉我们，尊重事实，是"真实"的基本要求。

"真实"是一种刚直不阿的风骨

"真"字上部为"直"，下部为"人"，意思是说要做一个"直人"。做一个"直人"，源于光明磊落的胸怀和刚直不阿的风骨。俗话说"无欲则刚""无私则无畏"。

开国上将萧克生前一直很欣赏东汉哲学家王充的一句话："誉人不增其美，毁人不益其恶。"这也是他一生做人的准则。"文革"中，有宣传说毛泽东与林彪在井冈山会师，萧克将军闻之默然。有人调查井冈山会师情况，萧克只言朱德、陈毅与毛泽东会师，只字不提林彪。家人提醒还有林彪，萧克答道："林彪参加了南昌起义，但不是南昌起义的领导人，那时像林彪这一级的干部多得很。""文革"后，曾有个关于林彪贪生怕死、临阵脱逃的故事，称最后是朱德总司令端着机枪奋勇开火，才打退了敌人。直到萧克某次在某地听讲解员绘声绘色讲此故事时，怒斥："完全是胡扯！林彪当年打仗是很勇敢的……再说，打仗时，就算是一个团长也不会端着机枪上火线，何况是我们的总司令。"此故事才逐渐没人讲了。

一个人要甄别事实的真假其实并不难，难就难在是否有坚持真理、尊重事实的勇气。我们在大是大非面前，要做"直人"，这是一个人的优点，但是，有时也要讲技巧，看场合。一个人直是优点，太直可能成为缺点。有的时候，发表不同的意见，婉转地说、巧妙地说效果可能会更好。有的时候，不方便在大庭广众之下说，而在私人场合说会更好。这就是说，做"直人"，也要学会自我保护，也要讲技巧，这样既能达到目的，又能保全自己。孔融直言招致杀身之祸就是一个教训。

"孔融让梨"的故事流传天下，成年后，他成为当时优秀的士大夫，但孔融性格太张扬，最终招来杀身之祸。有一次，曹操颁布一条禁酒令，说酒可亡国，非禁不可。孔融却跳出来说，亡国的还有女人，怎么不把女人禁了？曹操无言以对，谁都知道曹操是个好色之徒，连儿子喜欢的女人也要抢过来，现在孔融提出禁女人，这不是戳到了曹操的痛处？建安二年（197年），袁术称帝，曹操很生气，想灭袁术一时灭不了，便迁怒于太尉杨彪，因为杨彪曾和袁术联姻。曹操便诬陷杨彪，说他企图黜天子，将他收捕下狱。孔融听了，就跑到曹操跟前讲理，说："杨公有四代的清明大德，《周书》上说，父子兄弟，有罪都不能连及，怎么能把袁术的罪归于杨公呢？"曹操无话，后来不得不放了杨彪。建安十三年（208年），曹操要发兵攻打刘备，他知道孔融与刘备关系一向亲密，于是决定除掉孔融，以免他日后关键时候唱反调。为此，曹操网罗罪名，不但杀了孔融，还有他全家。

"真实"是来自于敢于质疑的脑袋

"实"字，从"宀"，从"头"，既表示家中人丁兴旺则殷实，也表示家中的人有头脑、有远见、有智慧才能充实。而这个世界上有许多表象，甚至是假象会迷惑我们。其实，真理、真相需要我们用头脑去思考，去判断，需要我们大胆地去质疑。明代学者陈献章说："学贵知疑，小疑则小进，大疑则大进。疑者，觉悟之机也，一番觉悟，一番长进。"这就是要有独立思考的能力，不能人云亦云，随波逐流，更不要迷信权威。

科学技术的每一个发明创造，都是在勇于突破前人的"结论"的基础上获得的。18世纪末，有些科技人员在探讨人类上天的可能，着手研制飞机。可是，许多科技名流认为是异想天开。法国著名天文学家勒让德，认为制造一种比空气重的东西到空中飞行是永远不可能的。德国发明家西门子、物理学家赫尔姆霍兹也赞同勒让德的看法。美国天文学家纽康经过反复计算也认为飞机根本无法离开地面。

1903年，美国莱特兄弟不在乎权威的反对，他们细心观察鸟类的体态结构和翅膀的动作，从中得到启发，再运用科学原理反复试验、修改，终于首次将飞机送上了天。

飞机的发明创造充分证明，不能迷信所谓的权威和专家，只要坚持真理，创造性地思考，就能创造出造福人类的科技成就。

"真"与"珍"谐音，寓意珍贵。"真"又音通"贞"，即坚持真理，源于对国家、对人民的忠贞。真善美，是一个整体，真元一气，其质为真，其性为善，其形为美。"真"字加"页"为"颠"，不尊重事实，就会颠倒本来面目。"真"加"心"为"慎"，意为用心之真，会慎重。

　第一篇　科学知识修养

守真志满，逐物意移。

——南朝·梁·周兴嗣《千字文》

　　出自南朝梁代周兴嗣的《千字文》。守真：保持自然本性。逐物：追逐物欲。意移：意念移向邪路。这两句的大意是：保持自然本性，志向便能满足；追逐物欲，意念就会转向邪路。道家认为，"巧者劳而知者忧，无能者无所求。饱食而敖游，泛若不系之舟"（见《庄子·列御寇》），《尚书·旅獒》有"玩物丧志"之语，《千字文》中的这两句便是对这一文化传统的继承与发展。它继承了道家"绝圣弃智"的思想，提出为人处世应归朴返真，坚持信仰。向往真理，保持人所固有的本性，在物质生活上尽量淡泊，因为物欲的追求是没有止境的。

学习

以觉为上，以行为要

　　"善学者通一经而足"出自陆游的《万卷楼记》，大意是：善于学习的人当以一种经书为中心，真正读通一种经书，则一通百通。这是陆游著名的治学主张，谈的是读书精与博的辩证关系。读书宜静不宜滥，为使"一经"达到"精通"的程度，又必须博览，但这个"博"并非泛滥无归，而是以约御博、博中有精，紧紧围绕要"通"的"一经"去博览。如要读通《诗经》，必须训诂名物，通古今异音，不能不读《尔雅》；必须明了礼制服饰，不能不读《礼记》；必须清楚《诗经》中引用的历史典故，不能不读《春秋》。如此等等，旁征博引，目的是为了读通《诗经》。所谓"学不精勤，不如不学"，精通《诗经》之时，也获得丰富而广博的学问，方能"强学博览，足以通古今"。这种严谨的治学态度和修养方法，值得学习借鉴。

学，会意字。

甲骨文为 ፠，描摹的双手摆步算筹形，表示学习计算。

金文为 ፠，加义符"宀"和"子"，表示在屋子里教孩子们学习算术。

小篆为 ፠，大体同于金文。隶书写作"**学**"，简化汉字后写作"学"，学的本义为对孩子进行启蒙教育使觉悟，如"顺德以学子"。学最常用的是指学习，包括教与学两个方面，如："学而不思则罔，思而不学则殆。""念终始典于学。"（《礼记·学记》）学还有模仿之义，如："贫家而学富家之衣食多用，则速亡必矣。"学又指讲述，如："见说万山潭，渔童尽能学。"（唐·陆龟蒙《渔具》）学还指学问、学科、学校等，如"博学多能"、文字学、大学等等。

习，会意字，繁体字为"習"，从羽，从白。甲骨文为 ፠，从羽（翅），从日，鸟在空中反复练习飞之意。小篆为 ፠。"羽"指鸟类的羽毛、翅膀；"白"是太阳的光芒，指光亮、白色，其寓意鸟儿为了锻炼飞翔的本领，每天迎着朝阳展翅飞翔。《说文·習部》中解释："習，数飞也。"本义为小鸟反复练习飞翔，后引申为学习。《论语》第一句话便是："学而时习之，不亦说乎？"

学习是通过阅读、听讲、观察、研究、实践等途径而获得知识、技能或认知的过程。"学习"两个字揭示了学习的宗旨，学习的过程以及学习的方法。

"学习"是人生的第一本领

智慧是人生最大的宝贵的财富，而且是常在自己生命里的财富。学习，对个人来说可以改变命运、成就未来，更能丰富人生、充实精神，因此，我们提倡终身学习，提倡读书学习成为生活中的一部分，成为一种生活方式。每天有一段时间品茶谈书是人生的一大乐事，因为这是与智者对话。学习，对一个家庭来说，关系到家庭的和美、和谐。中华民族历来追求诗书传家，以"书香门第"为荣。一个充满书香的家庭，其子女一定是知书达理之人。西汉文学家刘向说："少而好学，如日出之阳；壮而好学，如日中之光；老而好学，如炳烛之明。"学习，对一个国家、一个民族来说，关系到一个国家、一个民族的希望和未来。我们知道，犹太人获得诺贝尔奖是最多的，其中重要的原因在于这个民族爱书、爱读书、善读书。小孩出生以后，家长会把蜜糖涂到书上，让小孩一边翻书一边吸吮手指上的蜜糖，培养其从小对书本的兴趣。热爱学习的国度，一定是经济发达、社会文明的国度。据调查，犹太人年人均读书64本以上，少年和中年人最多，是世界上人均拥有图书、人均读书数量最多的，以犹太人为主要人口的以色列也就成了世界上国民人均藏书量和读书最多的国家。以色列面对土地贫瘠、资源短缺的现实，依靠人才优势，坚持走科技强国之路，使经济得以较快发展，2010年人均国民生产总值高达3万美元，其高新技术产业发展更是举世瞩目。

"学习"是一个人的基本能力

人的能力都不是天生的。有些人干一行爱一行，也胜任一行，其中一个重要的因素就是有较强的学习能力。学习能力是成才、成功、有为的前提条件。儒家对学习是很推崇的。《论语》就有几十次讲到"学"字。如："学而时习之，不亦说乎？""生而知之者，上也；学而知之者，次也；困而学之，又其次也；困而不学，民斯为下矣。""敏而好学，不耻下问。""仕而优则学，学而优则仕。""博学而笃志，切问而近思，仁在其中矣。"在今天知识爆炸的时代，一天不学习可能会落伍，学习可以帮助我们解决"本领恐慌"，可以丰盈我们的心灵。它是我们工作生活不可缺少的内容。对一个民族来说，爱学习的民族是一个智慧的民族；对一个国家来说，爱学习的国家是充满生机活力的国家；对一个人来说，爱学习的人是一个心灵充实的人。学习不仅有用，还可以丰富人的精神生活。同时，这也是使人获得极大享受和乐趣的过程。因此，习近平总书记指出：要真正把读书学习当作一种生活态度，一种工作责任，一种精神追求，自觉养成读书学习的好习惯。

"学习"以求是为本

学习是以寻找事物发展的规律为宗旨的。繁体的"學"，从爻，"爻"是《易经》中组成八卦阴爻和阳爻的符号。阳代表天，阴代表地，天地万物阴阳相交，机理错综复杂，情况千变万化，但"阴中有阳，阳中有阴"的规律不变。"爻"在"學"字中，意为学习是要从小就开始不断地去寻找和发现事物发展的规律和人生道理。学习是为了做学问，做学问就是求真、求是，找到事物运动发展的规律。无论是社会规律还是自然规律，都是在学习钻研的基础上得来的。

欧姆出身自德国巴伐利亚的一个工匠家庭。父亲虽然是一名锁匠，而且没有受过正式教育，但十分爱好数学和哲学，自学成才。欧姆小时候便由父亲教导数学、物理、化学和哲学，打下良好的科学和数学基础。欧姆于1805年入读埃尔朗根大学。可是当时欧姆心不向学，反而花了大量时间在跳舞、溜冰和桌球等玩意上。他父亲对此感到十分愤怒，认为他糟蹋了宝贵的学习机会，在三个学期后命令欧姆退学。从此，欧姆便开始了漂泊的教学生涯：他曾任职中学数学教师，又当过家庭教师。他对数学和物理的兴趣十分浓厚，在工余不断努力自修。1820年，欧姆得知奥斯特发现了电流的磁效应后，开始进行自己的电学实验。一边学习，一边实践，终于发现了电动势与电阻之间的依存关系，这就是欧姆定律。欧姆正是因为认真地学习、思考、实践，才找到了电学定律。

"学习"以觉悟为上

学习是从蒙昧无知到逐渐觉悟的过程。学的繁体为"學"，上部位"爻"在"臼"中，"臼"可视为"兒"省，指婴儿，即刚刚出生而头顶心未合的娃娃；中间之"冖"意为处于蒙昧之中，被无知所蒙蔽，又可视为"冥"字头，表示深奥、深沉、浓雾弥漫，寓意知识无穷尽，学习无止境；"子"是一个大头娃娃的象形。因此，"學"即意为孩子从呱呱坠地开始，就进入了从蒙昧无知到逐渐觉悟的过程。学是"觉"字头，学习也是觉悟的过程，是一种心灵的修炼，灵光闪闪，茅塞顿开。有些人死读书，读死书，没有感悟、觉悟，就是"书呆子"，这种学习一点用处都没有。

据说，人类一直是赤脚走路的。

有一位国王到一个偏远的乡村巡视，由于道路崎岖不平，又有许多碎石头，硌得他的脚又痛又伤。回到王宫后，他下了一道命令，将国内的所有道路铺上一层牛皮。这个命令引发了一场宰牛的运动。但即使杀尽国内所有的牛，也筹措不到足够的皮革。虽然这是一个愚蠢的决策，但许多人都不敢抗拒。

一位聪明人大胆地去见国王，对国王说："国王啊，为什么您要劳师动众，牺牲那么多头牛啊，您用小片牛皮包住您的脚就可以解决问题噢！"

国王听了立即领悟，立即收回成命，采纳了这个建议。据说，这就是"皮鞋"的由来。

学习要学有所用，就要改变思维定式，换一个角度去思考问题，这就是"悟"，这就是创新思维，活学活用。

"学习"从稚子开始

学习要从孩子开始，注重早期智力开发。学，从"子"，即童子。学的异体字为"孝"，从文从子。"文"指文字、文章、文化等，在这里意为应该学到的知识；"子"为孩子、后代。"文""子"为"孝"，强调了掌握文化知识要从娃娃抓起。幼年时期，是孩子打下知识基础，形成良好习惯的最佳时期，荀子说："少而不学，长无能也。"人的一生是从幼年开始形成性格和心理特征的，而在青年时期定格。故有"三岁定终身"之说。这就如一棵小树苗一样，在幼苗时不压制它，不让它长成畸形，就能形成参天大树。

《礼记·月令》中解释，"季夏之月……鹰乃学习"，意为小鹰在夏季六月练习飞翔。由于鸟的羽毛滋润柔顺，故"习习"引申为柔飞轻抚，如和风习习。学习的"習"字，似小鸟迎着太

阳去练习。人的能力有差别，原因之一是从小接受教育学习的差别。幼儿早期智力的开发是很重要的。犹太人的教育从零岁开始，甚至很重视胎教。幼儿教育应当列入国民教育的重要组成部分。

欧阳修是我国北宋时期著名的学者，是一个具有造诣的书法家。他的成功全靠小时候母亲的教育和学习。由于她循循善诱，引导得法，幼小的欧阳修很快就爱上了诗书。每天写读，积累越来越多，他很小的时候就已能过目成诵。10岁的时候，母亲就经常带欧阳修到附近藏书多的人家去借书读，因为自己没有，她就让他把借来的书抄录下来。欧阳修长大以后，到东京参加科举考试，曾"连中三元"。欧阳修20岁的时候，已是当时文学界大名鼎鼎的人物了。

这说明学习要从幼小的时候做起，儿童的早期教育对青年成才起着基础作用。

许多艺术家之所以成才，都与小时练就的"童子功"不无关系。正是幼时的学习打下了坚实的基础，长大了以后才能得心应手。小孩的早期教育是一门科学。小孩大脑发展的关键时期是0~3岁婴幼儿阶段。在这个阶段中，大脑迅速发展，通过良好的引导和教育，可以为小孩今后智力、情感、运动、社会交往等各方面能力的发展打下良好基础，这说明了婴幼儿早期教育的重要性和必要性。

"学习"要终身为伴

学习要活到老、学到老，终身学习。"學"，从爻，表示纵横交错，事物是千变万化的，也反映了学问的宽广无边，博大精深。学海无涯，浩瀚无穷。庄子说："吾生也有涯，而学海无涯。"人在不同时段的认识具有局限性，因此必须不断地保持学习，才能认识不断变化发展的事物，才能达到"觉"的境界。

中国古代有一个"江郎才尽"的故事，就是警示人们要有不断学习的精神。南北朝时期，梁朝有个官员叫江淹。江淹年轻时家境贫寒，好学不倦，诗和文章都写得很好，誉满朝野。但是，中年以后，官做大了，名声也大了，他认为平生所求皆已具备，功名既立，需要及时行乐了。于是，由嬉而随，耽于安乐，自我放纵，再也不刻苦砥砺了。"随"导致他事业心消磨，他只"望在五亩之宅，半顷之田"，治国平天下的雄心斗志都烟消云散了。后来变得才疏学浅，诗文褪色，"绝无美句"。

钱伟长说："学习是终身的职业，在学习的道路上，谁想停下来就要落伍。"年龄大了，学习可以锻炼脑力，脑筋是越用越好用，不用就会像铁线一样生锈。一个有大学问的人，一生都在勤勉地学习。假如满足现状，懒惰不学习，再聪明的人也会有江郎才尽的一天。

"学习"以践行为要

《论语》首句就是："学而时习之，不亦说乎？"如何处理好"学"与"习"的关系，且大有学问。学的本字是"敩"，其字形字音同"覺（觉）"与"教"紧密相连。《白虎通·辟雍》释义道："学之为言觉也，以觉悟所不知也。"清代学人段玉裁解释为：学就是"尚童蒙故教而觉之。"简言之，学，就是要"觉悟"；尚未觉悟者需要已觉悟者传授。学更关乎思想、觉悟、知识、修养。因此，由学所组成的词有科学、学术、学问、学养、学风、学业等等。习的本字为"習"，强调要仿效、要行动。因此，由习组成的词多与反复去做有关。如练习、练兵习武、习以为常、化习成俗、习俗、习性、习惯、习非成是等等。

曾国藩曾归纳了学习应用四事并行的方法。

他说：看生书宜求速，不多阅则太陋。温旧书宜求熟，不背诵则易忘。习字宜有恒，不善写则如身之无衣，山之无木。作文宜苦思，不善作则如人之哑不能言，马之跛不能行。四者误一不可。用现在的话来说就是学、思、践、悟。学以致用，知行合一。

《礼记·学记》中有一段文字谈了学与习的关系。"大学之教也，时教必有正业，退息必有居学。不学操缦，不能安弦；不学博依，不能安诗；不学杂服，不能安礼；不兴其艺，不能乐学。"这段文字中的"正业"指的是教学，"居学"指的是课外活动，意思是：如果只学不习，就不会有学习的乐趣。反过来说，只有"学而时习之"，才能"不亦说（悦）乎"。孔子所讲的学习就是获得知识和技能，而获得知识技能的方式有二：其一是间接地向他人学习，获得的是间接经验的知识；其二是个人在实践活动中获得直接经验，得到的是直接经验的知识。"习乃知识之源，学乃快捷之法"。没有直接经验的学习，知识就要枯竭；没有间接经验的学习，知识难以传播、发展和提高。学可以指导习，习也可以验证学，二者不可偏废。就学生的学习而言，当以学为主，以习辅之；就实践工作者的学习而言，当以习为主，佐之以学。

大学之法：禁于未发之谓豫；当其可之谓时；不陵节而施之谓孙；相观而善之谓摩。此四者，教之所由兴也。

——《礼记·学记》

　　这里曾子讲到学习、教育的四种方法：一是"豫"，即在问题未发生之前就加以预防，从而达到不发生问题，叫作"防患于未然"。这有如中医的"治未病"，预防在前，后患减少；二是"时"，这是指在适合学习的时候不失时机地让学生学习，叫作"抓住最佳学习时机"。学习也有一个"黄金时期"，要适时地进行教育，符合学生的认知规律，这就是适时；三是"渐"，这是不超过学生的接受能力进行教育，叫作"循序渐进"，千万不能"拔苗助长"；四是"摩"，就是相互观摩、切磋，让学生在实践中学习，在相互的交流、启发中学习。这四种学习和教育的方法今天仍然有借鉴意义。

精专

万事之成，贵于精专

　　酒，是谷之精华，是故好酒，皆是精心酿造而成。相传，明朝年间，广州城西街口有家夫妻小酒店，虽是陈年佳酿，酒味醇厚，无奈店面不惹眼，又缺乏招徕之术，生意十分冷淡。后来才子伦文叙参加科举考试时，路过夫妻店小歇，喝了酒后连声夸赞："入口醇正甘洌，下肚绵柔回甜，余香悠悠，果然好酒！"但见店老板愁眉苦脸，唉声叹气，便问明原委。伦文叙说："老板无须犯愁，我有办法使你的生意兴隆起来！"说罢，取出文房四宝，写了一首诗贴在店家门口，诗曰："一轮明月挂天边，淑女才子并蒂莲。碧波池畔酉时会，细读诗书不用言。"嗜酒者以文人墨客居多，纷纷进店喝酒，从此这家夫妻店生意兴隆了起来。原来，这首诗每句为一字谜，合起来是"有好酒卖"。

"精"，形声字，从米，青声。《说文·米部》："精，择也。"本义是经过挑选的好米，上等细米。

精，篆文。造字本义为经过筛选的上等稻米，粒长而均匀、晶白而莹润、高级而漂亮。

"精"与"粗"相对应，从物质方面看，精表示物质中最纯粹、最美好的部分，如"精华""精粹""精美""精力""精子"等。从精神方面看，精表示精气、精诚、精忠等。

"专"，会意兼形声字。《说文·寸部》："专，纺专。"本义为纺锤，是收丝的器具。由于熟练的纺纱能手可以用手快速操作纺专以提高生产力，因而专引申为擅长、把持、专一、独占等义，如"心不专一，不能专诚"。

专，甲骨文。从重（纺锤），从手（手），会意用手转动纺锤纺线。

专，篆文。字形整齐化，并将手变为寸（也是手的意思），其造字本义为手转纱轮纺纱。

在某一领域具有一项特长，被称为"专业"，有专业、有造诣的人被称为"专家"，而独断专行的人被称为"专权""专横"。

纺专作为丝线的中心，使它们不缠绕于自身，不纷繁，不杂乱，就必须专心致志。纺纱旋转时围绕一个中心转动，有专事、专注之意。孟子说："不专心致志，则不得也。"朱熹说："读之者贵专而不贵博。盖惟专为能知其意而得其用，徒博则反苦于杂乱浅略而无所得也。"意思是说，读书重在专而不重在博。专能知其意而懂得应用。只博不专，就反为杂乱所困惑而无所得。明代庄元臣说："一矢不能中两的，一车不能赴两途。"人的精力都是有限的，有所为有所不为，才能有为；有所知有所不知，才能有知；有所长有所短，才能有专。

"精专"是做学问、干事业的一个诀窍

人的生命是有限的，知识也是有局限的，因此，必须集中精力、集中时间做一两件大事。一个人只要认准目标、一辈子干一件事，没有不能取得业绩的。这就是"激光"的原理，把光束集中到一个点上，即使是坚硬的钢板也可以穿透。为此，专精定律即一学定律：一者，谓专精也，用心一也，专于一境也。谓之不偏、不散、不杂、独不变也，道之用也。故君子执一而不失，人能一则心纯正，其气专精也；人贵取其一，至精、至专、至纯，大道成矣。

"精专"要善于去伪存真，取其精华弃其糟粕

"精"字从米，米泛指五谷，是人类生存必不可少的粮食。《黄帝内经》说："精生于谷""精不足者，补之以味""生来谓之精，此先天元生之精也。食气入胃，散精于五藏，此水谷日生之精也"。五谷之味是补精的正味，最能滋养体内精气，因此孔子说要"食不厌精，脍不厌细"。

传统的中医学认为，人始成，先生精，精者，身之本。在古人的眼里，"精"是一切生命活动的主宰，是存在的根本。天有三宝：日、月、星，地有三宝：水、风、火，人有三宝：精、气、神。人的气、液都是由精化生的。人精气足则神定。保精、养气、安神是中医的养生之本。人的精有先天之精和后天之精。先天之精是父母给的，后天之精则是自己修炼的。古代许多人都很长寿，其根源在于"法于阴阳、和于术数、食饮有节、起居有常、不妄作劳，故能形与神俱而尽终其天年"。这里说的是养精之道。此外，还要保精。人的精是有限的，会逐渐衰减。这就要节欲、存欲、养神。出家人断色欲，其实是为了存精养神，精神内守，许多高僧大德之所以能长寿，这也是其中的一个因素。

相反，古代的帝王，由于三宫六院，纵欲无度，大都不能尽享天年，这是因为耗伤供养生命之精。

生命要保精，读书则要善于求精。冯友兰曾在《我的读书经验》中，教导我们要精读，冯友兰在《我的读书经验》一文中说，我的经验总结起来有四点：精其选，解其言，知其意，明其理。

可以把书分为精读的、泛读的、翻阅的三类。精读，是说要认真地读，扎扎实实一个字一个字地读。泛读，是说可以粗枝大叶地读，只要知道大概说的是什么就行了。翻阅，是说不要一个字一个字地读，不要一句话一句话地读，也不要一页一页地读。就像看报纸一样，随手一翻，看看大标题，有兴趣的大略看看，没兴趣的就随手翻过。现在我们所称为"经典著作"或"古典著作"的书，都是经过时间考验流传下来的。这一类的书都是应该精读的。我们可随着自己的专业选定一些需要精读的书。

中国有句老话说是"书不尽言，言不尽意"，意思是说，一部书上所写的总要比作书人的话少，所以在读书的时候，即使书中的字都认得了，话全懂了，还未必能知道作书人的意思。前人说，读书要注意字里行间，又说读诗要得其"弦外音，味外味"。这都是说要在文字以外体会它的精神实质，就是要知其意。

假如我们对一部经典，不但背得滚瓜烂熟，而且能领会其深刻的含意，有自己独特的见解，那么，就可以成为专家了，这就是从精到专的过程。

读书学习也是一个"消化""吸收"的过程，精专也就是要善于从中吸取精神营养，取其精华，弃其糟粕，寻找真理，在继承的基础上加以创新，为我所用，为时代所用。

"精专"是心神专注

"专"字是纺纱时围绕一个圆心转，意为专一、专注。所谓"读书必专精不二，方见义理"。王安石用"人之才，成于专而毁于杂"阐述其所认为的人才的成功之道。人才的成功在于专心致力于一种事业，而他的失败在于学得杂而干事不专一。"术业有专攻"，"专"是成才的关键所在，而"杂"是许多有才气的人无成的重要原因。苏轼也提倡"不一则不专，不专则不能"，不专心于一艺，就很难成为有专长的人；没有专长，就不能发挥一个人的才能。人要成才，成就事业，首先应该从"专"开始。专于攻读某一方面的书，使之烂熟于心，化为技能，由此触类旁通，事业可成，否则将徒劳无功。

古往今来，在某一方面有建树、造诣的人，无一不是勤奋专注、痴心不二的。如爱因斯坦专注于研究课题，竟致多次迷路，找不到自己的家；安培专注于数据演算，错把奔跑的马车厢当成黑板，在上面演算起来；王羲之练习书法入了迷，总是情不自禁地用手划衣襟，久而久之竟划破了衣衫；巴尔扎克写《欧也尼·葛朗台》入了迷，对突然进屋的人高声大叫："是你害死了她！"牛顿着迷于计算月球的轨道，煮鸡蛋时错把手表扔进了锅里的故事。

据说牛顿的天赋并没有明显的超人之处，然而他学习特别勤奋，学习和研究都专心致志，简直到了痴迷的地步。他常常一连几个星期都留在实验室里，直到实验完成。有一次，牛顿的朋友来看他，他把饭菜摆到桌上后，又一头钻进了实验室。这个朋友等得不耐烦了，就先吃起来，吃过后就走了。牛顿做完实验后出来，一看桌上的盘碟，便自言自语："我还以为没吃饭呢，原来已经吃过了！"说着又走进实验室去了。

一个人想要成功，首先就要当个"偏执狂"，一个专注而又勤奋的，投身于自己热爱的事业中去的"偏执狂"。

"精专"要专一不移

"专"需要有抗干扰的定力，三天打鱼，两天晒网，必然一事无成。司马迁写《史记》花了18年，左思写《三都赋》花了10年，李时珍写《本草纲目》花了30年，哥白尼写《论天体的运动》花了30年，弥尔顿写《失乐园》花了21年，达尔文写《物种起源》花了22年，马克思写《资本论》整整花了40年的工夫。一滴从岩石滴下来的水看起来是微不足道的，然而长年累月地滴，却能创造奇迹。桂林的溶洞中有不少长如石柱，蔚为壮观的钟乳石，就是岩石滴水的含有物经历数万年的积累而形成的。之所以有许多杰出的科学家，其根本的原因在于他们能持之以恒。处世如此，为人更应专。欧阳修提倡用人要专而不疑，在其《为君难论上》写道"用人之术，任之必专，信之必笃"，用人的方法是委任必须专一，信任必须深厚。"任之必专"，不可三心二意，心存疑惑。"信之必笃"，要坦诚恳切，坚定不移。这样所用的人才能放开手脚，大胆工作，充分发挥自己的能动性，成就一番事业。

我们都知道中国首次载人航天飞行的航天员是杨利伟，可很少有人了解杨利伟有着超乎常人的静心品质。飞天惊心动魄，但在整个过程中，杨利伟都保持着一以贯之的平静。在进舱、发射、返回这三个关键阶段，杨利伟的心率一直保持在70多次。特别是发射上升和最后返回时，航天员要承受相当于自己体重十几倍的压力，呼吸十分困难，杨利伟却泰然处之。

古语云："居不幽者志不广，形不愁者思不远。"这些智者正是静静地同自己的心灵对话，才写出了鸿篇巨制，写出了不朽的作品。

宋代大诗人王安石，锤炼自己的作品，可谓呕心沥血。他那首《泊船瓜洲》诗："京口瓜洲一水间，钟山只隔数重山。春风又绿江南岸，明月何时照我还。"久经传诵。吴中士人家藏有这首诗的草稿，稿中"春风"句中的"绿"字诗人一改再改。初云"到"，后圈去，注曰："不好"；后改为"过"，复圈去；又改为"入"，再改为"满"，最终定为"绿"字。这又是为什么？"绿"字原为形容词，用在这里成了动词，它色彩鲜明，唤起江南一片春色，诱发联想，引起思归的念头，这与下文"明月何时照我还"，密切呼应。可见炼字，其目的是在于炼意的。

"精专"来自于心静

"精"音通"静"。道家的养生学认为，一个人要长寿，必须炼精化气，炼气化神，炼神还虚。人静生精，养精蓄锐，气动显神。"静心做事，做事静心"是佛学的修炼方法之一。静心是一条迈向佛的路，静心也可称作"坐禅"（内不动，名"坐"；外不迷，名"禅"，也叫"观照"），"静心做事，做事静心"就是一种"行禅"。

大量事实表明，那些历史上有所建树的人，成就伟业的人，他们身上都有一种出奇的静气，静气其实是静心的外在表现。"一静可以制百动""每临大事有静气""万物静观皆自得"，都是人们对"静"境的推崇。而我们身处浮躁的年代，有一个风动、幡动、心动的大背景，如果能够劲气内敛、静心做事，必将缔造出与众不同的差别优势。

从心理学角度来讲，"静"不仅代表一种心理状态，也意味着人的各种本能和情感冲动的内在抑制与理性的自觉，正如梁漱溟所说："人心特征要在其能静耳……本能活动无不伴随有其相应的感情冲动以俱来……然而一切感情冲动都足以为理智之碍。理智恒必在感情冲动摒出之下——换言之，必心气宁静——乃得尽所用。"

修养名言赏读

无专精则不能成，无涉猎则不能通也。

——清·梁启超

　　梁启超先生这两句话，阐述了专与博的关系。专注、精通是成就事业的前提，一个人即使天资平平，但假如专心致志，十几年如一日，也能在某一领域中有所成就。这就是一辈子一件事，一件事必精致。正如韩愈所说的："业精于勤，荒于嬉；行成于思，毁于随。"

　　而一个人要融会贯通，则要广泛涉猎各方面的知识。有一个词叫"触类旁通"，现代科学的发展呈现学科的交互融合，只有广泛涉猎才能博采众长，为我所有。为此，博览、博闻是专精的基础，也是融通的前提。

博通

强学博览，以通古今

　　"博士买驴"出自北齐颜之推的《颜氏家训·勉学》，讥讽写文章长篇累牍却说不到点子上的人。当时有个博士（为古时的官名），熟读"四书五经"，满肚子都是经文，做什么事都要咬文嚼字一番。有一天，博士家的一头驴子死了，就到市场上去买一头。双方讲好价后，博士要卖驴的写一份凭据。卖驴的表示自己不识字，请博士代写，博士马上答应。卖驴的当即借来笔墨纸砚，博士马上书写起来。他写得非常认真，过了好长时间，三张纸上都是密密麻麻的字，才算写成。卖驴的请博士念给他听，博士干咳了一声，就摇头晃脑地念了起来，过了好半天才念完。卖驴的听后，不理解地问他说："先生写了满满三张纸，怎么连个驴字也没有呀？其实，只要写上某月某日我卖给你一头驴子，收了你多少钱就可以了，为什么唠唠叨叨地写了这么多呢？"在旁边看的人听了，都哄笑起来。这件事传开后，有人编了几句讽刺性的谚语："博士买驴，书卷三纸，未有驴字。"

博，会意兼形声字。

𣃼，金文。由𠂤（十，多、大量）和𤦦（尃，手转纱轮纺纱）组成，表示宽大的纺织物。

𤿯，篆文。篆文将金文的博字调整了左右顺序。

《说文·十部》："博，大、通也。从十、从尃。尃，布也。""博"的本义表示面积宽大的布匹，只见于古文，如"褒衣博带"（《淮南子·泛论》），指着宽袍、系阔带是古代儒生的装束。后引申为宽广的、众多的，广泛地、大量地、知道得多等义。

通，形声字。《说文·辵部》："通，达也。"字形采用"辵"作边旁，"甬"作声旁。造字本义：动词，彼此来往，交换物用。

甲骨文𢓊，𧾷为辵，表示行进，𤰔为用，借代物用，表示物用来往，交流有无。

金文𢔩，误将甲骨文字形中的𤰔（用）写成𤰖（甬）。

篆文𨖀，误将甲骨文字形中的𤰔（用）写成𤰖（甬）。

欧阳修提倡"强学博览，足以通古今"，此句雅俗兼济，所谓"博物通达"，只有不懈地努力学习，统观各类书籍，足可"通达古今道理"。这是用来评价人的德才学识的名句，而实际上又可作为历代治学者所追求的境界：强学博览，阅古通今，所谓"学以渐博而精通"也。

博通，为通晓各种知识，天文地理、古今中外、人情世故，无所不知、无所不晓。博是通的基础，只有博学，才能融会贯通。通，是博的目的，博学是为了通权达变，是为了通达。

陶行知先生曾讲了读书的十大秘诀：一序，由浅入深，循序渐进；二勤，业精于勤，荒于嬉；三恒，持之以恒，锲而不舍；四博，从精出发，博览群书；五问，不耻下问；六记，多动笔墨，多做笔记；七习，温故而知新；八专，专心致志，专一博广；九思，多加思考，学会运用；十创，触类旁通，敢创新路。在这十个方面中，"博"是非常重要的，"博"是厚积，是视野，是见识。

"学者，贵能博闻也"，孔子认为君子应该"博学于文，约之以礼"，广求学问，恪守礼法，所谓"博物君子"也。汪洋浩博的儒生，远溯博索的学者，博施济众的善人，兼览博照的贤臣，博采群议的君王，都是有博通的文化修养。"博通"揭示了博学、博闻的表现、途径和来源，是读书治学之道，修身养性之本。

"博通"表现为心胸的宽广

"博"字从十、从尃。尃，布也。其中"十"字是从中心向四面八方发散，表现遍布十方，通天彻底，涉及面极广，突出事物的宽大。所谓"溥博如天""博洋内涵"，对于一个人来讲，立身处世中首先要有远大的抱负，练就的是一份宽广的心胸，成就"宽博如海，有容乃大"的基本修养。"仁也以博爱为本"，只有具备宽广的心胸，人们才会像大海那样笑纳百川，像高山那样巍巍矗立，笑傲人生，搏击未来。"闻志广博而色不伐，思虑明达而辞不争"出自西汉戴德的《大戴礼记·哀公问五义》，见闻多知识广而没有骄傲自夸的神色，思想明确考虑透彻而没有争强好胜的言辞，这是一个谦逊而成熟的人应有的修养。俗话说：一瓶子不响，半瓶子咣当。越是浅薄的人，越喜欢自我炫耀，以势压人，装出一副什么都懂的样子，唯恐别人不知道、不承认他的"高明"，而真正有根底的人反倒总是谦逊的，"博采众长"而非"唐骏读博"。

"博通"还表现为见识的广博

"博，大通也。""博"字的意思是广大而精通，一个人不仅要有宽广的心胸，立志高远，更要博约相辅、博采众长，方能学识渊博、由博返约。所谓"博览群书，不为讽咏"，一个人的人生要想丰富而精彩，就要坚持信念去实现自己的理想，就要博关经典、博学多闻，不断地充实自己，这样的修养方能体现出人生的意义和价值，而坐井观天、故步自封，就只能是停步不前，了无生趣。

"多才之士才储八斗，博学之儒学富五车"，清代的启蒙思想家、政治家、文学家魏源，在鸦片战争失败后受林则徐嘱托，于1842年编成《海国图志》一书。他在书中提出"师夷长技以制夷"的思想，即只有善于向外国学习，才能制止外国的侵略，否则必然被外国所制服。当时中国古老而沉重的国门刚刚被打开，人们满脑子都是传统的"天朝上国""华尊夷卑"观念。他以广博的见识，铿锵有力的言辞，激励着无数仁人志士满怀信心地为富国强兵而进行坚持不懈的斗争。一个有志向的人，一定是见多识广的人，只有拥有广博的见识才能去实现自己心中伟大的理想，纵然是面对巨大的挫折与困难，也会无惧无畏。"将赡才力，务在博见"，阅历丰富的人，才能在危难之际力挽狂澜，勇敢面对，将"修身"的价值化成"治国平天下"的力量。

"博通"是博与专的有机结合

博，从尃，专，甲骨文从叀（纺锤），从又（手）会用手转动纺锤纺线之意。本义为转动纺锤，引申指专一、专心。一个博学多才的人，都是对所从事的事业非常专注的人，正是这种专心、专注，产生了无穷的力量，使自己博学、博闻，"博学笃志"方能"厚积薄发"。博是从专而来的，博学从专注中来。一

个人只博不专，是很难有作为的。博与专是相辅相成的。一个人能够博觉研书，各方面的知识都懂一些，可以触类旁通。一个人专攻某一专业，也会使自己博学起来。所谓"学不必博，要之有用；仕不必达，要之无愧"，博是专的基础，专则是博的体现。一个人一辈子干了许多可有可无的事，不如专注于一种事，一生只要干好一件事，这辈子就算没白过，如罗曼·罗兰曾说过："与其花许多时间和精力去凿许多浅井，不如花同样的时间和精力去凿一口深井。"

"博通"源于拼搏的精神

博，古字同"簙"，表示大量的竹制棋具，投箸行棋，用于赌戏。在比赛的过程中需要智慧与精力，要有拼搏的精神，才能赢得比赛。博音通"搏"，意为拼搏。所谓"千磨万击还坚劲，任尔东西南北风"，要实现自己的目标，不仅要有宽广的心胸，更要有广博的见识，在面对重重困难时，还要有拼搏进取的精神，才能勇往直前，实现理想。人生要搏斗，才能拥有更博大的世界；与命运搏斗过，才会拥有博大的心胸。博字又似"缚"，两者意义相反，却又紧密联系，人要拼搏、要拥有博达的才学，就不能自我束缚，应该敞开自我，并且对这个世界应要有一颗勇于探索的心。博不是"薄"，博总是厚重的，需要积累的，世上任何事情都不能一蹴而就，但博又要"薄"，当积累下一定的阅历与学识后，人往往又能厚积薄发。

多见者博，多闻者知；距谏者塞，专己者孤。

——汉·桓宽《盐铁论·刺议》

　　出自汉代桓宽的《盐铁论·刺议》。多见、多闻：指勤勉努力，广泛学习各种知识。谏：以语言指出别人的过失。塞：消息闭塞，孤陋寡闻，不了解各种情况。专己：独断自专。孤：孤独，得不到别人的帮助。这几句大意是：多见的人学问广博，多闻的人聪明多智；拒绝别人意见的人闭塞寡闻，独断自专的人孤独无助。这四句以鲜明的对比，指出不同的处世态度所得到的不同结果，可供论述人应该勤学好问同时还应该善于接受别人的意见和建议时引用。

知识

口述如矢，言谈显识

　　苏格拉底是古希腊的大哲学家。一天，有位年轻人来拜访他。"先生，我很崇拜学识渊博的您！我也想多掌握些知识，请问怎样才能学到更多的知识呢？"年轻人问。苏格拉底把年轻人带到海边和他一起下了水，走到很深的地方时，苏格拉底一下子把年轻人的头按到了水里，一会儿他放开年轻人问道："你在水里感到最需要的是什么？""空气，最需要的是空气！"年轻人回答说。苏格拉底笑着说："你说得很对，如果你明白了需要知识和在水中需要空气是同样重要的，那你就可以坚持学习得到知识了。"年轻人顿有所悟，深深地向苏格拉底鞠躬致谢。从此，他开始如饥似渴地学习，日后终于学有所成。

　　知，篆文𥎿。会意字，从矢，从口。矢为箭。箭射出，快而准。口为出口之言。"矢""口"为"知"。

《说文·矢部》："知，词也。""知"的本义是口齿敏捷。矢，疾如矢也，意为知道的事物可以脱口而出。"知识"，是指人们在实践中获得的认识和经验，成语"真知灼见"，指正确而透彻的见解。"知识就是力量"，是英国哲学家弗朗西斯·培根提出的，表达的是知识是人类文明进步的动力，知识充沛了人的精神，使人聆听人生真谛，从而充满不断探索前行的力量。

"知"由对事物的认知引申为熟悉、了解。"感知"，指利用感官对物体获得的有意义的印象；"知己"指彼此了解、情谊深切的朋友。王勃《送杜少府之任蜀州》："海内存知己，天涯若比邻。"意思是，亲密的朋友心意相通，即使相隔千山万水，也像比邻而居一样。成语中，"自知之明"指的是了解自己的情况，对自己有正确的估计。"见微知著"指的是见到事情的苗头，就能知道它的实质和发展趋势。"知"又由了解引申为优遇、赏识、知遇。《论语·卫灵公》："君子不可小知而可大受也。"意思是，真正的君子不仅要赏识他，而且要委以重任。"知"还有主持、执掌之意。古代官员有"知府""知县"，近代官名有"知事"，如今有"知客"。

识，形声字。

甲骨文为𢽳，像戈上挂有饰物，犹如挂刀上的环、铃，作为一种标志。

金文为𢽳，饰物稍为繁杂，但更像戈上的标志。

小篆为𧭫，将饰物变成了"音"。从言，从哉。言，为语言、文字。"哉"，本指军队方阵操演，引申为"图形及变换"。"言""哉"为"识"，表示"用语言描述图形的形状和细节"。初义为兵器上的饰物。本义为区别、辨别图形或事物形状，并用语言描述之。

《说文·言部》："識，常也。一曰知也。"本义是知道、懂得，如识味、识道、识辨、识相、识别等。由于知道多了就有知识，故又引申为知识、标志、旗帜、记住，如"鄙夫寡识""默而识之,学而不厌,诲人不倦""博闻强识"。识还有分辨、识别之意,如"患难见真情,乱世识忠臣""天际识归舟,云中辨江树""不识庐山真面目,只缘身在此山中"。白居易在《琵琶行》里有"同是天涯沦落人,相逢何必曾相识"的诗句,刘禹锡在《元日感怀》中写道"异乡无旧识,车马到门稀",表达了世态炎凉,人情冷峻。

知识是符合文明方向的,人类对物质世界以及精神世界探索的结果总和。在哲学中,关于知识的研究叫作认识论,知识的获取涉及许多复杂的过程:感觉、交流、推理。知识也可以看成构成人类智慧的最根本的因素,知识具有一致性、公允性。

知识的演进层次,首先是从众多的数据中选择数据,转化为信息,升级为知识,再升华为智慧。知识具备较强的隐蔽性,需要进行归纳、总结、提炼。今天,人类已经进入知识经济的时代,知识成为最重要的资源,成为可持续发展的经济。

知识修养是一个人最基础的修养,一个文盲,不可能有优雅的气质,也缺乏分辨是非的能力。"知识"两个字告诉我们何谓知识、知识的来源和如何获取知识。

"知识"来自口口相传的传承

知,从口,有解释为"口勤",也就是"好问",好问才能知晓、获得知识,后引申为"知识"。王充在《论衡》中曰:"不学不成,不问不知","学之乃知,不问不识"。可见,好问才能有知。在远古时期,文字还没有出现之前,人类在生活中就已经积累了大量的知识,而这些知识往往都是通过口口相传得以传承下来。事实上,在文字出现之后,口口相传依然是知识传承的重要形式之一。

孔子是我国春秋末期的思想家、政治家、教育家,是儒学学派的创始人。在他年轻时,年年周游列国宣传自己的政治主张,但就是不被接纳。有一次，孔子来到陈国，经年累月的奔波，四处碰壁的烦恼，使他的精力明显大不如前。他情不自禁地说道："回去吧，我家乡的弟子们志向高大，文采斐然，还不如回去好好栽培他们，把知识和思想向他们传播，让他们来完成我的未竟事业。"

于是，孔子从热心从政转为投身教育，他办起了私塾，教学生们读书。无论课堂内外，孔子对学生都是口口相授，言传身教。孔子曾对人说："我教学生的方法，主要是激发他们学习的积极性，让他们勤于思考。"正是通过这样口口相传，孔子把自己的知识教给了三千弟子们。孔子已经成为我国最大的文化符号，可是据有关学者考证：孔子自己是"述而不著"，连广为人知的《论语》，也是由其弟子根据孔子的日常言行编纂而成。孔子是凭着自己的"三寸不烂之舌"，将儒家的思想传给了弟子，再由弟子们传遍了天下，以至儒家学说对后世产生了极其深远的影响。

真知的获取必须有的放矢。知，从矢。要获取真知，就必须有的放矢。知，是一种无止境的认识、求知过程。知识是对各种事物的认识和理解，它可以考证，可以传授，可以通过多年学习生涯积累。古希腊哲学家亚里士多德说过，求知是人类的本性。在知识的山峰上登得越高，眼前的景色越壮阔。因此，求知就是一个无止境的探索和学习的过程。《庄子·养生主》："吾生也有涯，而知也无涯。"意思即是，我们的生命有限，而知识永远没有边界。然而，真知的获取必须有的放矢，有了目标才不至于在漫无目的之中荒废光阴、一事无成。

飞卫是一名射箭能手。有个叫纪昌的人，想学习射箭，就去向飞卫请教。开始练习的时候，飞卫对纪昌说："你要想学会射箭，首先应该下功夫练眼力。眼睛要牢牢地盯住一个目标，不能眨一下！"纪昌回家之后，就开始练习起来。妻子织布的时候，他躺在织布机下面，睁大眼睛，注视着梭子来回穿梭。两年以后，纪昌的本领练得相当到家了——就是有人用针刺他的眼皮，

　　第一篇　科学知识修养

他的眼睛也不会眨一下。

纪昌对自己的成绩感到很满意，以为学得差不多了，就再次去拜见飞卫。飞卫对他说："虽然你已经取得了不小的成绩，但你的眼力还不够。等到练得能够把极小的东西，看成一件很大的东西的时候，你再来见我吧！"纪昌记住了飞卫的话。回到家里，又开始练习起来。他用一根长头发，绑住一只虱子，把它吊在窗口。然后每天站在虱子旁边，聚精会神地盯着它。那只小虱子，在纪昌的眼里一天天大起来，练到后来，大得竟然像车轮一样。取得了这样大的进步，纪昌赶紧跑到飞卫那里，报告了这个好消息。飞卫高兴地拍拍他的肩头，说："你就要成功了！"于是，飞卫开始教他怎样开弓，怎样瞄准，怎样放箭。后来，纪昌成了百发百中的射箭能手。

学无止境，知无穷止。无论何时何地，人生都不可以"满"而自足。自满是求知的拦路虎，自谦是真知的引路人。

一次，古希腊哲学家芝诺的学生问他："老师，您的知识比我们多许多倍，您回答的问题又十分正确，可是您为什么对自己的解答总是有疑问呢？" 芝诺并没有立即回答他，而是找来一支笔、一张纸，在纸上画上一个大圆和一个小圆。然后，他说："在目前情况下，在物理学这个领域里可能是我比你懂得略多一些。正如你所知的是这个小圆，我所知的是这个大圆。但整个物理学识是无边无际的，对于小圆，它的周长小，即与未知领域的接触面小，他感受到自己的未知少；而大圆与外界接触的这一周长大，所以更感到自己的未知东西多，这就是我为什么常常怀疑自己知识的原因。"

"知识"是智慧的基础

在古汉语中"知"读"zhì"时，"知"与"智"通，《释名·释言语》："智，知也，无所不知也。"西方的"智慧"概念有"一切知识"的意思。中国古代哲学中，智也是从知发展而来的。孔子曰："知之为知之，不知为不知，是知也。"意思是：知道就是知道，不知道就是不知道，这样才是真正的智慧，故真知者必有智。

然而，知识与智慧又是有区别的。知识是对客观事物的描述，而智慧是一种处理问题的方法和手段。知识是智慧的基础，前者在一定的条件下可以转化为后者，但二者并不成比例关系。也就是说，一个知识渊博的人未必有智慧，一个比较有智慧的人则应懂很多知识。

三国时的杨修是曹操的主簿，是一位思维很敏捷的才子。一次，曹操差人为自己建造了一座花园，建成后他去观看时，不置褒贬，只取笔在门上写一个"活"字。许多人看了都不知其意。杨修却看破了其中的隐意，说："门内添活字，乃阔字也。丞相嫌门阔耳。"于是，人们再筑围墙，曹操再来看，很高兴，问："这是谁知道了我的用意的？"左右告诉他，是杨修。曹操赞扬了杨修。

曹操总是担心别人暗杀他，常常吩咐侍卫说："我在梦里好杀人，我睡觉时，你们都不要靠近我。"一日他睡午觉把被蹬落在地，近侍慌忙拾起给他盖上。曹操跳起来拔剑杀了侍从，然后又上床装作继续睡觉。半晌而起，做出一副吃惊的样子，假惺惺地追问："谁杀了我的侍卫？"别人把实情告诉他，他还痛哭了一场，命人厚葬之。事后，众人都以为曹操梦中杀人。只有杨修说："不是丞相在梦中，而是我们在梦中。"一语道破。曹操听了开始憎恨杨修。

刘备亲率大军打汉中，惊动了许昌，曹操也率40万大军迎战。曹刘两军在汉水一带对峙。曹操屯兵日久，进退两难。适逢厨师端来鸡汤。见碗底有鸡肋，有感于怀，正沉吟间，夏侯惇入帐禀请夜间号令。曹操随口说："鸡肋！鸡肋！"人们便把这个号令传下去。杨修即叫随行军士收拾行装，准备归程。夏侯惇也很信服，营中诸将纷纷打点行李。曹操知道后，怒斥杨修造谣惑众，扰乱军心，便把杨修斩了。

从这个故事我们可以看出，杨修的确是一个知识渊博的聪明之人，但他却忘了"才不盖主"的官场法则。该说的时候说是一种能力，不该说的时候不说是一种智慧，杨修虽然有小聪明却终究不是大智慧，因而也就丢了性命。

"知识"是切中要害的学识

知，左"矢"右"口"，直译则是讲话要讲到点子上，有的放矢，切中要害。

识，从言，从只。言，表现为为人处世的肢体语言，"只"为单一，强调了重要性，"言""只"组合起来，寓意深厚的学识是通过片言只语、一点一滴的积累而得来的，也寓意语言是传播知识的重要途径，而人的言谈举止，反映了一个人的素养、学识。"言""只"者，片言只语方显人的知识丰富，远见卓识。

周恩来总理小时候学习很努力，他的作文写得又快又好，每次写作文，总是在其他同学刚写了一半时，他就早早地交了卷，到阅览室看书去了。在一次作文课上，他像往常一样，又早早交了卷子去看书了。同学们忍不住问老师这是什么原因，老师没有回答，从他的书包里拿出一个本子交给同学们看。大家翻开本子，都吃了一惊，本子里每一页都工工整整地写满了字，是他写的读书笔记和摘抄下来的好词句。同学们看了都赞不绝口地说，周恩来是个会学习的有心人。这时，老师语重心长地说："知识在于积累。周恩来做得很好，我希望你们像他那样，一点一滴地积累知识，将来成为一个有真才实学的人。"

美国作家杰克·伦敦的房间里有着奇怪的装饰，不论是窗帘上、衣架上还是厨具上都挂着纸片，每片纸上都记录了一些美妙的词汇，他把纸片放在房间的每个角落，为的是每时每刻都随时记诵，杰克·伦敦正是由于这种对语言和素材的不断积累，才能在写作时得心应手，写出像《热爱生命》《铁蹄》这样脍炙人口的作品。杰克·伦敦的故事说明一个道理，"知识离不开积累"，学习是一个循序渐进、持之以恒的过程，要想在学习上一蹴而就，成为大学问家是不可能的，因为这不符合人们认识事物的客观规律。

很多名人说话虽然简短，却精悍，片言只语之间，充满智慧。邓小平是伟大的革命家、战略家，也是具有成熟鲜明语言风格的伟大政治家。邓小平的语言风格，简练、幽默、平实，具有鲜明的中国特色。

简练是邓小平语言艺术的一个突出特点。在晚年，孩子们曾经问他长征是怎么过来的，他回答三个字："跟着走。"问他在太行山时期做了些什么事，他回答两个字："吃苦。"谈起他和刘伯承率领第二野战军的历史，他的评价也是两个字："合格。"1968年10月，邓小平被撤销一切职务，保留党籍，次年被下放到江西。1973年3月10日，中共中央决定，恢复邓小平的党组织生活和国务院副总理职务。这年2月，邓小平从江西下放地回到北京，时隔6年多，毛泽东第一次召见他，问："你在江西这么多年做了什么？"邓小平回答两个字："等待。"外宾问他第三次被打倒后的感受，他的回答还是两个字："忍耐。"

1989年9月4日，邓小平同中央几位负责同志谈话，在谈到对"国际形势"的态度时，邓小平说国际局势概括起来就是三句话：冷静观察，稳住阵脚，沉着应付。这里连用了三个四字格短语，高度概括了我们对国际局势的态度。同样，他在《军队整顿的任务》一文中指出："军队建设中确实存在不少问题，在座的许多同志也有这个感觉。我想了一下，有五个字：肿、散、骄、奢、惰。"这种方法即古人所谓的"提纲挈领法"。简明扼要，说理清晰，读来使人印象十分深刻。

"知识"是见微知著的见识

识，繁体字为"識"，"識"中有"戈"，戈即兵器，指用兵器断开，表示分辨、辨识之意。人们通过语言交流、沟通、传承知识文化，只有具备了渊博的知识，对人、事、物具有准确的判断力，才能通过察言观色，明辨是非。

曾国藩之所以能在举世滔滔之中产生砥柱中流的作用，可能有诸多因素，但他广泛网罗人才，把一大批才俊智囊聚集在自己的周围，把别人的能力化为己用，是十分重要的原因。

曾国藩十分重视人才问题。在政治上，他认为"国家之强，以得人为强"。在军事上，他强调"用兵之道，在人而不在器"。他把人才问题提到了关系国家兴衰的高度，把选拔、培养、造就人才作为挽救晚清王朝统治危机的重要措施。

重人、识人、取人、用人是曾国藩的特长。

一次，李鸿章向曾国藩推荐三个人才，恰好曾国藩散步去了，李鸿章示意三人在厅外等候。曾国藩散步回来，李鸿章说明来意，并请曾国藩考察那三个人。

曾国藩讲："不必了，面向厅门、站在左边的那位是个忠厚人，办事小心，让人放心，可派他做后勤供应之类的工作；中间那位是个阳奉阴违、两面三刀的人，不值得信任，只宜分派一些无足轻重的工作，担不得大任；右边那位是个将才，可独当一面，将来作为不小，应予重用。"李鸿章很吃惊，问曾国藩是何时考察出来的。

曾国藩笑着说："刚才散步回来，见到那三个人，走过他们身边时，左边那个低头不敢仰视，可见是位老实、小心谨慎之人，因此适合做后勤工作一类的事情；中间那位，表面上恭恭敬敬，可等我走过之后，就左顾右盼，可见是个阳奉阴违的人，因此不可重用；右边那位，始终挺拔而立，如一根栋梁，双目正视前方，不卑不亢，是一位大将之才。"曾国藩所指的那位"大将之才"，便是淮军勇将、后来担任台湾巡抚的刘铭传。

曾国藩之所以能够"观人于微"，并且准确率极高，全赖其"积久而有经验"。

修养名言赏读

学之乃知，不问不识。

——汉·王充《论衡·实知篇》

　　这句名言劝告人们要虚心就学，不耻下问。学习应该是一个开放的过程，为官者应该通过不断的学习，源源不断吸取知识，巩固和发展自身。但是作为人，在学习的过程中，往往会出于自尊等心理因素的影响，羞于启齿向他人求教，使得学习的过程封闭起来。尤其是身居高位的人，习惯众星捧月，便难以放低姿态向他人求教，向百姓求教。但一个人是不可能做到全知全能的，为此要终身学习，努力回到群众和社会中去，这句名言还告诫人们要养成良好的学风和谨严的治学态度，强调了问在识中的作用——想要真正识得知识，了解实际情况，勤奋好学，多思多问很重要。只有通过请教与交流，加之实践与尝试，才能真正地将所学所知牢牢把握，博学多识，学以致用。

智慧

足智多谋，心静生慧

　　有一个寓言，说的是财神、福神和智多星三位神仙，有一
次聚会时各自夸耀自己的本事大，互不服输。正在争议之时，看
到一个农夫在犁田耕地。于是，他们一致同意以农夫作为试验对
象，看到底谁的本事大。

　　财神用手一指，农夫正在犁田，突然犁碰到一个硬东西，挖
开一看，发现一个缸里装满了金银财宝。这笔从天而降的财富让
他愣了半天。但他想，一下子有这么多的财富，官府会怀疑他偷
盗，亲友会来借钱，小偷和强盗会来偷和抢。于是他选择远走高
飞，到一个没有人认识的城市居住下来。开始有点新鲜，住久了
觉得无聊，每天都闷闷不乐且经常发呆。

　　这时，福神说财神赐给他那么多的财富，但他的生活并没有

更美好，更快乐，还是让我来吧。这时恰好一个端庄的少女走过农夫的窗前，福神一指，两个人一见钟情，很愉快地攀谈起来。农夫觉得很满意，马上托媒人到女方家里提亲。女方家长也答应了很快筹办婚礼。举办婚礼的时候，岳父发现女婿呆头呆脑，心里就后悔了。糟糕了，我这个女婿虽然有钱，但却是一个傻子，我女儿一生的幸福不就没了吗？干脆等今晚婚礼结束后，把他杀了算了，获得一笔财富，再给女儿找一个好女婿。

看到这一情况，财神和福神都无计可施，恳求智多星救救这个可怜的农夫。这时，智多星用手一指，这个农夫即刻获得了智慧，判若两人。他清清嗓子，站起来从容地说："我第一次看到我这个端庄美丽的妻子，我就想能够培养出这么出色的女儿，一定是有最好的父母，因此，要感谢我的岳父岳母，我宣布一个重大的决定，把我大部分的财产送给他们，之后我将带着我新婚的妻子返回故乡。"

财神、福神甘拜下风，承认智多星的本领大。正是智慧让农夫既得到漂亮的妻子，又逃过了一劫。可见，财富和幸运的源泉都来自智慧。

智，会意兼形声字。

甲骨文为 𣉰。𣄼即"干"，木制武器；𥎞即"矢"，即"口"，表示谈兵论战。"智"的造字本义是谈论作战谋略。

金文为 𣉰。𣄼另加日字，突出言辞之义。

《说文·白部》："智，识词也。从白，从亏，从知。"智，从知，知为矢、口，表示开口吐词如矢会言辞敏捷之意。在古代，"智"与"知"同音同义，是同一个字。"知"的本义指懂得、晓得、明白，后来在"知"下加了个"日"。"智"指聪明、有见识，转借为谋略。"智"和"知"的区别在于："智"重在表示"智慧""明智"，而"知"重在表示"知识""知道"。

慧，形声字。

篆文为🖋。🖋即清扫，🖋为心，指人的欲念，表示清心、净心。其中，🖋由两个🌱（丰，细枝茂盛的草）、🖐（又，手持）组成，指手持扫帚扫地。

《说文·心部》："慧，儇也。从心，彗声。"慧，精明的意思，字形用"心"作边旁，"彗"作声旁，表示心性明悟。

"慧"的本义是清心净虑，洞察真相，思想明晰。清心净虑，洞察真相，人自然就变得聪明了，所以"慧"作形容词用时，表示聪明的、机智的。古人称精通行军作战为"智"，称清心净虑、洞察真相为"慧"，称醒来感知清晰为"觉"，称明心见性、发现自我为"悟"，称简单无我、自然率性为"禅"。

"慧"有彗星的强烈的亮光，人们心中有亮光，便心明眼亮；"慧"的上部像扫帚的样子，中部是一只手，下部是一颗心，有"手拿扫帚，扫除愚昧"之意，"慧"就是指聪明。"慧"还有机敏、了悟的意思，如"法轮明暗室，慧海度慈航"。由于聪明人目光远大，看问题敏锐，所以称为"慧眼"，如"慧眼识英雄"。

在儒家的道德规范体系中，"智"是最基本的德行之一，也是儒家理想人格的重要品质之一，被视为"三达德""四德"及"五常"之一。首先，"智"被伟大的思想家孔子视为道德规范、道德品质或道德情操。他把"智"与"仁""勇"两个道德规范并举，定位为君子之道，即所谓"知（智）者不惑，仁者不忧，勇者不惧。"儒家认为智、仁、勇三者相互联系，以仁为根本，智是知仁，勇是行仁。在儒家思想史上，孟子第一次以"仁义礼智"四德并提。他从行为的节制和形式的修饰、道德的认知和意志的保障等意义上确立了礼与智在道德体系中不可或缺的位置。最终，仁义礼智四位一体，相依互补，恰成完整的范畴系统，构建为人道的全部蕴涵。到了汉代，儒家"五常"（仁义礼智信）确立，"智"位列其中。在当代社会，我们赞颂见义勇为，其实，见义智为比勇为更高一筹。

智慧是生命所具有的基于生理和心理器官的一种高级创造思维能力，包含对自然与人文的感知、记忆、理解、分析、判断、升华等所有能力。智慧与智力不同，智慧表达智力的综合终极功能，与"形而上之道"有异曲同工之处；智力则谓"形而下之器"，是生命的一部分技能。

　　在当代社会，"智慧"的内涵更加丰富，对每个人来说也具有重要的指导意义。"智慧"，浅显的理解是要求我们学习文化知识，是让我们明"智德"，不做无知、不合伦常的事，在此基础上完成人生的修行。"智慧"可以让人认知事物运行的本质规律，看透纷繁表象背后的真实；"智慧"可以让人懂得谨言慎行的必要性，在社会生活中察言观色；"智慧"可以让人心怀远虑，根据事物发展规律谋划未来道路；"智慧"还能使人认识到天道与人道的统一，真正掌握中庸之道的人生道理。从社会发展层面来看，"智慧"对于我们来说，是对先进社会发展成果的吸纳，是对科学文化知识的追求，是对优秀人文智慧的融合。李二和先生说："聪明是生存的能力，智慧乃生命的境界。"

　　"智"与"慧"常连在一起使用，叫"智慧"，其实这两者还是有区别的。与"智"有关的词有"智力""才智""智商"……表示一个人的聪明程度。与"慧"有关的词语有"慧心""慧根""慧眼"……强调的是心性明悟，说明"慧"是比"智"更上一个层次的。"智"人人都有，只是反应有急迟，所以有"急中生智"的说法。但"慧"未必人人具备，需要内观自省才能开发，所以有"静能生慧"的说法。因此有智未必有慧，有慧则必定有智。那么，智慧是什么，如何有智慧？让我们来看这两个字所揭示的道理。

"智慧"来源于日积月累的日常生活，又运用于日新月异的日常生活

智，由知、日组成，藏于日常。"知"下之"日"可理解为日常生活，"智"代表了以日常生活为基础的日常知识，对日常生活的认真学习观察理解并形成知识体系是构成"智"的基本要素。"知"下之"日"亦可理解为时间，"智"则代表了以时间积累为基础的日常知识，孕育于长时间的知识累积。

人的一生从无知经求知到有知，知识的量从无到有、从有限到丰富，智慧的运用由少而多，自初级而高端，是一个不断学习积累和渐进渐变的过程。知识和智慧是有差别的，"知识"强调人所知道、所拥有的学问，知识使人知道了许多事、明白了许多理，是智慧的基础。"智慧"则是运用知识的结果，是知识积累形成的良好成效。智慧包含了知识和聪明，它是头脑的智能，是洞察人生和实践道德的才能，是丰富生命、使生命变得美好所需要的。智慧不但来自于知识的广博，更来源于一颗明亮的心。

周恩来总理就是一位心灵丰富的慧者。在几十年的外交生涯中，周总理一直以德高望重、幽默风趣著称，不管在何种场合，遇到什么样的对手，周总理都能唇枪舌剑，以超人的智慧，应对自如，对手甭想占到便宜。

中华人民共和国成立之初，一次招待会上，一位西方记者向周总理提问："请问总理先生，现在的中国有没有妓女？"

不少人纳闷，怎么提这样的问题？

周总理的回答却是肯定的，他说："有！"

全场听后哗然，议论纷纷。

周总理看出了大家的疑惑，补充说："中国的妓女在我国的台湾省。"顿时掌声雷动。

第一个问题没有得逞，这位记者又不怀好意地问："在你们中国，明明是人走的路，为什么却要叫'马路'呢？"

周总理不假思索地回道："我们走的是马克思主义道路，简称'马路'。"

记者见着一连两个问题没有难倒周总理，还不善罢甘休，又提出第三个问题："请问总理，中国国库人民币的总储备是多少？"

起初，人们为周总理捏了一把汗。因为这个问题问得太刁，中华人民共和国成立之初，国库根本没有任何储备，这是人所共知的；不论怎么回答，回答有，或者回答没有，都有损国威。

这时，周总理脱口而出："一十八元八角八分。"

人们听了有些诧异，可低头仔细一想，当时人民币的发行面额为10元、5元、2元、1元，5角、2角、1角，5分、2分、1分：合起来总共一十八元八角八分。这样回答，周总理巧妙地告诉大家，中国人民的力量势不可挡。

于是，全场又一次爆发出雷鸣般的掌声。

周恩来总理为何充满智慧，这是因为他有爱国之心，有维护中华民族尊严之心，面对各种刁难，能够巧妙地应付，体现了光彩魅力。

"智慧"应为言之有物，切中要害

"知"字在小篆中是个左右结构的会意字。左边是个"矢"字，"矢"表示箭；右边是"口"字，表示讲话的嘴巴；两者结合就表示这个人脑子灵活、理解能力强、认识事物快，一旦理解，嘴里很快就讲出来，其速度就像射出的箭。"智"下面从甲骨文的"口"变成金文的"日"，恰似口中有了一口气，更形似言之有物、正中靶心。因此，"智"可以理解为"有的放矢之言"。说话能说到点子上、一语中的即为"智"。

宋徽宗政和初年，宗汝霖出知莱州掖县。当时，户部命提举司购买牛黄以制药用。使者们催逼得急如星火，州县的老百姓竞相杀牛，寻找牛黄，但一时根本无法满足需求。宗汝霖向提举司上疏说："牛要遇到疫年，才多病（胆结石）生出牛黄。如今长期过太平日子，融和之气充塞天地之间，本县境内的牛一个个膘肥体壮，没有牛黄可以提取。"提举司的使者无法反诘，掖县因此免缴牛黄，全县百姓无不佩服宗汝霖的聪明才智，对他感恩戴德。宗汝霖为什么几句话就免除了百姓的灾祸？正是因为他说的话有的放矢、掐到要害，这实在是难能可贵的智慧。

"智慧"的产生必须经常扫除心灵垃圾

慧，"彗"在"心"上，可以理解为，手持扫帚在心上扫即为"慧"；上"彗"下"心"，也可以理解为，一把扫帚在为心头清扫，"慧"就开始运行了。这是为什么呢？扫帚是中国民间常见的除尘工具。把扫帚放在心头，就是对人的内心世界加以净化。我们知道，地面不常扫，就不会有一个清洁的庭院；一个人的心不常清扫，人生中烦恼的尘埃就会在心中积厚难除。每个人的心里都有很多垃圾，如贪心、嗔心、慢心、疑心……杂念多了，烦恼也多了。只有通过打扫，才能减少心底的垃圾，消除心中的杂念，心地才能清净。而心地扫得愈干净，慧则愈高，也就是灵性愈高，修为愈高。所以，"慧"是扫心去杂的减法哲学。

当下的时代是一个奉行加法和乘法的时代，人人在追求利益的最大化和超大值。而"慧"作为一种减法哲学，就是拂去心灵上的尘埃，减去心灵上的沉重负担。我们倡导为生活做减法，就是要减去多余的反复冗杂，减去奢侈的物质欲望，减去不必要的沉重负担，减去不切实际的妄想，让心态平和，让心灵轻松，让心情愉悦。有一句话说得好："生活本不苦，苦的是欲望过多；心脏本不累，累的是放不下的太多。"做人生的减法，该舍弃的就舍弃，该放下的就放下，保持空杯心态，不为虚名所累，这是一种生活态度，也是一种聪慧和超脱。泰戈尔也说过："当鸟翼系上黄金时，它就飞不远了。"如果一个人私欲、贪念过多，终究会拖住人生前行的脚步、压住展翅腾飞的翅膀。

"智慧"从静心体悟中来

"慧"字用"心"字底，无心则无慧，说明慧是一种精神状态，一种心灵境界，当一个人的修为达到这种状态，持有这种精神的时候，他就具备了慧。那么，"慧"的这种状态是如何获得的呢？这需要静心修养，需要用心体悟。

慧由静心生。宋代晁迥在《昭德新编》中说："水静极则形象明，心静极则智慧生。"意指在平静安定之中增长智慧。诸葛亮在写给儿子的《诫子书》中也指出："夫君子之行，静以修身，俭以养德。非淡泊无以明志，非宁静无以致远。"后人便把"静能生慧，宁静致远"合为一句，强调静养修身的必要性。这和儒家经典《大学》中所指出的"静而后能安，安而后能虑，虑而后能得"是一样的道理。这里的"得"便是得道、得慧。

爱国将军冯玉祥读书时有个习惯，首先关上门并在门外悬挂一块牌子，上面写着"冯玉祥死了"，其间任何人都不许进入，读书结束后才开门，将字牌换成"冯玉祥活了"。由此可见他静心读书的决心。国画大师齐白石成名后，有人问他何以从一介木匠成为一代名家，他答道："作画是守静之道，涵养静气，事业可成。"清朝三代皇帝的老师翁同龢也曾说："每临大事有静气，不信今时无古贤。"

要智慧需用心去感悟。悟是学习的最高境界，是开启慧的根本途径。每一个生理发育正常的人，都有潜在的悟性。悟性的获得需在安静的冷环境中，自己反复揣摩，不断内省、反思、渐悟、顿悟。

晋朝有一个叫殷浩的人，常识丰富，能言善辩。曾被封为建武将军，统帅扬、豫、徐、兖、青五州兵马。后来因为作战失败，被流放到信安。殷浩有个外甥叫韩康伯，这个人非常聪敏，又很有学问，殷浩非常喜欢他。在殷浩被流放期间，韩康伯也跟在他的身边。有一天，殷浩见他在发表议论，仔细一听，康伯所讲的，完全是抄袭自己的片言只语，套用自己说过的话，没有他个人的创见，却露出自鸣得意的样子。后来，殷浩说："康伯未得我牙后慧。"大意是说："康伯连重复我的言论都不会，就自以为了不起，真不应该。"后来用"拾人牙慧"比喻重复或抄袭别人的话语或文章。

慧是通过自学、自问、自疑、自答、自赏、自娱等一连串内观自省过程而获得，单纯重复或抄袭别人不能算是"慧"，无法收获真正的"慧"。

"慧"与"惠"，在古代汉语中音义相近。"慧"与"惠"都有精明之义，"慧"侧重指心性明悟，"惠"侧重指聪明有智；另者，只有一个人有智慧、有慧心，才能惠及他人，惠及世界。

"智""慧"，有所区别，又相互联系，"智"若通达，方称为"慧"。"智"，日日所知，富有机智；"慧"，通达内心，了然机理。"智"就是知日，研究的是看得到摸得着的东西，就像一个明晃晃的太阳挂在那儿。而"慧"字有"心"，强调用心去感悟，有两个"丰"，含不可穷尽之意，其中间的"彐"则象征一种修养哲学及处世智慧。

　　一个人在日常生活中，有对世事的认知及采取一定的方法解决当前困难的能力，这是"智"；而能领悟生活，并对当前所遇到的困难加以辨析、区别，且能顺势而为、彻悟通畅，这就是"慧"。"慧"比"智"要高一层级：决断曰"智"，简择曰"慧"；俗谛曰"智"，真谛曰"慧"。若说"智"是一种外在的"力"，那么"慧"就是一种内在的"道"。有一个词叫作急中生智，还有一个词叫作静极生慧。一个是在紧急的情况下迸发出的灵感，一个是在极度安静的情况下悟出的东西。再深入一点讲智，不走心，他就不动心，不动神。所以智和慧是象征两种不同层次、不同方向的学问。穷极技巧算是智，抱朴守拙也许才是慧。

临危而智勇奋，投命而高节亮。

——晋·潘岳《西征赋》

　　出自晋代潘岳的《西征赋》。这两句大意是：面临危难则智勇振奋，捐弃生命则高节显现。这两句对仗工整的句子，本是赞扬汉代张骞、苏武两位著名人物的。张骞奉汉武帝之命出使大月氏，相约共攻匈奴，在外十三年。后又随大将军击匈奴，智勇双全，临危不惧，封为博望侯。苏武奉命出使匈奴，被匈奴扣留，胁迫其投降，不从，徙北海上，持节牧羊，留匈奴十九年乃还，表现了视死如归的高风亮节，归投后拜典属国。

仁／善：爱人悯人，与人为善　　忠／义：中正之心，我之威仪

诚／信：言必有行，行必有果　　礼／敬：源于恭敬，一丝不苟

孝／悌：子承父老，兄友弟恭　　勤／敏：吃苦卖力，敏捷于事

伦理道德修养

字说修养·第二篇

仁善

爱人悯人，与人为善

　　"仁者以财发身，不仁者以身发财"出自戴圣的《礼记·大学》，大意是：有仁德的人用财富来发展、成就自身，没有仁德的人则利用自己的身份地位去聚敛财富。这是"发财"一词在中国古代典籍中的较早出处。东汉大儒郑玄将这句话注解为："仁人有了财富则务于施与他人，以此来立身立名；不仁之人则将身心投入到敛财中去，以追求财富的积累。"如何处理仁德与财富的关系，是修养之道的一个重要内容。这里反映了两种不同的生财之道，仁德的人不以发财为终极目标，而是以财富作为提升自我、奉献社会的手段，而不仁德的人则相反，把财富作为终极的追求目标，不惜劳碌和身心的疲惫，让人的自身成为发财的工具。是"以财发身"还是"以身发财"，是判断"仁"与"不仁"的重要标准。

仁，会意兼形声字。

甲骨文为�=。从人，从二，会二人相亲近，以人道相待之意，即对人亲善、同情、友爱。

小篆为�。字形与甲骨文相同。

《说文·人部》："仁，亲也。从人，从二。"《礼记·经解》："上下相亲谓之仁。""仁"的本义是以人道待人，对人亲善、仁爱。如"爱人利物之谓仁""仁至义尽"。"仁"也指仁人，如"殷有三仁焉"。"仁"指慈爱，如"孙讨虏聪明仁惠，敬贤礼士"。"仁"又引申为有人的感觉，如"头发无黑，两手不仁，耳目不聪明，扶杖乃能行""麻木不仁"。"仁"又借指果核等物的最内部分，如"杏仁""花生仁"等。

"仁"是儒家伦理哲学的中心范畴和最高的道德准则。孔子在《论语》中，提及"仁"字有109次。董仲舒讲"仁、义、礼、智、信"，"五常"之中仁居首位。"仁"的价值是其他价值的基础，如果没有"仁"，"义"可能变成莽撞，无情义可言；"礼"会成为形式主义和虚情假意；"智"是小聪明，不是大智慧；"信"是虚伪的。"仁"是人生追求的最高价值。孔子认为人的行为都应从"仁"出发，当生命与"仁"发生冲突时，不惜"杀身成仁"。孔子认为"仁"是基于血缘关系而又超越这种关系的人与人之间的真诚友爱，为此，他提出"忠恕"的原则。曾参说："夫子之道，忠恕而已矣。"孔子的学说，用两个字来概括就是"忠"和"恕"。"忠"是对国家、国君、事业、朋友；"恕"是对一切人。孔子认为"仁"始于"爱亲"之心，孔子说："孝弟也者，其为仁之本与！"孝悌是仁德的根本。一个人在家孝敬父母，出外尊敬长辈，推己及人，推家及国。"仁"的内在要求是"恭宽信敏惠"。这五种行为表现为"利他"的仁道。

善，会意字。《说文·誩部》："善，吉也。"

，金文。上面为"羊"，下面为"言"，意为用语言连连赞美。

，篆文。承续金文字形。

"善"的本义为吉祥、美好，一个人心地仁爱，品质淳厚，叫作善良；与人为善，守望相助，称为亲善、友爱。中国人相信因果关系，讲"善有善报，恶有恶报"。善还是一种擅长，如"多谋善断""循循 善诱"。南朝梁简文帝说："一善染心，万劫不朽；百灯旷照，千里通明。"明代直臣方孝孺说："交善人者道德成，存善心者家里宁，为善事者子孙兴。""仁善"是一个人的道德修养的集中体现。

"仁善"是一种人道主义的情怀

"仁"来自于人的本性。仁从人，这表示仁来自天性，是人所具有的本质要求，也是和动物的最大区别，还是做人的基本准则。孔子说立己立人要"志于道，据于德，依于仁，游于艺"。这个仁有体有用，仁的体是内心的修养，表现在外则是爱人、爱物。"依于仁"就是依傍于仁，要有爱心，爱人、爱物、爱社会、爱国家、爱世界，直至爱自然、爱天下。

孟子在孔子仁说的基础上，提出了著名的仁政说。他认为人皆有仁爱之心，即不忍人之心，主张"以不忍人之心，行不忍人之政，治天下可运之掌上"，"亲亲而仁民，仁民而爱物"，其实质就是爱民，使人民安居乐业。《庄子·天地》中说："爱人利物之谓仁。"康有为说："仁者，在天为生生之理，在人为博爱之德。"

春秋时期的晏婴是齐国的名相，有一年冬天，齐国连下暴雪，许多百姓冻死，哀鸿遍野。齐景公在王宫里欣赏雪景，还对觐见的晏子说："好奇怪啊！大雪连下了几天，一点都不冷。"晏子沉下脸说："陛下觉得不冷，是因为您身上有裘皮大衣，室内有炉火取暖，可是宫外已经有很多人冻死了。我听说，贤明的君王，在吃饭时总记得有人在饥饿中，身着锦衣的时候总念着有人在受冻，悠闲的时候也总想着百姓的劳累。"齐景公羞愧地低下头，他连忙命人给灾民们派发衣服食物。晏婴心怀仁爱，劝谏国君望雪思民、赈灾救急，深得百姓爱戴，也深受后人敬仰。

"仁善"集中体现在善良、仁爱上

从"仁"的组合看，"仁"由"二""人"组成，是把对方和自己看成一体，不分彼此，强调对自己以外的人亲善，以仁道待人之意。"仁"是两个人在一起劳动、亲密友好，是人把人作为人来看待。"仁"是自觉的、内在的情感行为，是评价一个人的道德素养的"试金石"。《论语》中，"仁"字有三义：人之性，人之道，人之成。

"善"字同样表示善良是人之本。人之性是"向善"，人之道是"择善"，人之成是"至善"。向善须在真诚中，才能自觉；择善要靠智慧和勇气；至善则须"死而后已"。

"善"字的本性用"羊"去体现。"善"由"羊"和"言"组成，可见"羊"的温顺与"善"的内在含义是相通的。羊有如下的品格：其一，羊性善良，食叶草，不吃荤，性温良，宽容忍让，在动物界，既没有伤害其他动物的行为，也没有同类相残的现象，可以说是善良的楷模；其二，羊是至孝至顺之生灵，有跪乳之恩，谦卑恭顺，知孝达仁；其三，羊食的是草，挤出来的是奶，其肉、毛、皮、骨、角皆有所用，宽广博爱，全身奉献；其四，羊形美，弯弯的羊角，雪白的羊毛，都是美的象征。这就是说，"善"字从"羊"身上得出其内涵就是善良、孝敬、奉献和美好。孟子说："人皆有不忍人之心……无恻隐之心，非人也；无羞恶之心，非人也；无辞让之心，非人也；无是非之心，非人也。恻隐之心，仁之端也；羞恶之心，义之端也；辞让之心，礼之端也;是非之心,智之端也。人之有是四端也,犹其有四体也。"孟子把"四心"看成人的基本素养,并首推"仁"。仁者,善也。当今社会,称为"善业"的大致有如下功德:与人为善、爱敬存心、成人之美、救人之急、舍财作福、尊师敬长、爱惜物命等。一个人只有常存善念,才能乐善不倦,以善为宝,从善如流,也才能够成为一个幸福、快乐的人。

黄克诚心地善良,对待别人从来不计前嫌,不报复,有以德报怨的美德。1959年,庐山会议后,中央军委召开扩大会议,错误地批判黄克诚。此时,黄克诚旧部的一位将军趁机火上浇油,他登台告发黄克诚,无中生有地说黄克诚贪污,致使黄克诚当年有口难辩,蒙受了二十年不白之冤。粉碎"四人帮"后,这位将军因追随林彪、"四人帮"而被判刑入狱。服刑期间,此人患了重病,他请求监外就医。有关部门领导特地去征询重又出山、大权在握的黄克诚将军的意见。黄克诚将军捐却前嫌,朗声同意,并嘱咐来人务必接其夫人去医院,以随身照料他。此人闻知此事后,感动得痛哭流涕。

黄克诚将军待人之道彰显了他为人善良、厚道、宽容、正直、豁达的博大情怀和优秀品质。

"仁善"引申扩展为博爱、慈悲

仁,把人作为人来对待,从亲人、友人引申到天下之人。《论语·颜渊》:"四海之内,皆兄弟也。"孔子告诫我们,不仅要对自己的亲友仁爱,也要对社会的每一个成员仁爱。仁不但爱人,同时也包含着爱物、爱自然的思想。《春秋繁露》:"质于爱民以下,至于鸟兽昆虫莫不爱,不爱,奚足谓仁?"意思是说,要做到仁爱,光爱人是不够的,还要爱鸟兽昆虫等,要爱大自然。"仁"其实也是生态文明的思想根基。我们只有热爱、珍惜人类赖以生存的环境，才能形成人与自然和谐相处的局面。"仁"不仅告诉我们生存的哲学，而且指出我们应走生态文明发展之路。

"仁善"是"美"的内在表现，为善最美

《说文·誩部》："善，吉也。"《国语·晋语》："善，德之建也。"这些对"善"字的解释，都将"善"确立为一种较高的社会道德准则，它既包含诚信、廉洁、舍己为人等个人品质，也包括安居乐业、保家卫国等集体精神。"善"字的音、义与"尚""上"相通，善是一种高尚的行为，而且能相互感染，引导社会风尚。

古人有"见善如不及，见不善如探汤"的说法。见到善人、善事，自己便希望与之看齐，担心自己会赶不上。探汤，谓把手伸进沸热的水里。见不善之事，便如避祸般躲开。这种求善、摒恶的人生态度，贯穿于中国士人的行为修养之中。宋代理学家朱熹曰："善人者，志于仁而无恶。"从仁义的理想追求与没有恶行两方面对"善"进行界定。

我们通常将人生分成三个不同层次的美学价值追求：第一个层次是对事实的追求，即一种科学的精神，称之为"真"；第二个层次是对个人和社会的行为作要求，指向了伦理、道德的层面，称之为"善"；第三个层次是如何让人生提高一个境界，以艺术的方式表达出来，称之为"美"。真、善、美三者彼此独立，也彼此相关。在中国传统价值观中，"善"被视为人生美学价值追求中的重要进阶，以期待"尽善尽美"的境界。君子修身养德，便是追求一种向善、向上的人格美。

"仁善"是一种高尚的行为

　　"善"的谐音字是"尚"，善既是一种高尚的行为，也能互相传递，逐渐变成社会的风尚。有一个真实的故事，说的就是善良的循环。

1990年10月8日下午，广西壮族自治区桂林市兴安县的年轻农民罗荣辉等8人，开车从桂林返回兴安，不幸发生了车祸。这时，从部队回老家的青年军官廖世恩刚好见到，他立刻跳进冰冷的江水，将他们一个个救了上来。在廖世恩的帮助下，罗荣辉等人被送进医院，脱离了危险。随后，廖世恩悄悄离开了医院，伤者清醒后，不约而同地追问："救我们的恩人是谁？"被救者在寻找恩人的同时，认为要像恩人那样，无私无畏地帮助别人，造福社会，才能回报他。他们一边勤劳致富，一边无私地帮助他人，做的好事数不胜数。廖世恩救人后从未向别人提起，但他播下的善良种子，却在发芽、生长，在被救者身上循环，又通过他们在全社会循环。

　　由此，我们可以看到，当无数的善举互相影响，善心不断传递，善良就会变成社会的风尚。因此，我们每个人都要"勿以善小而不为，勿以恶小而为之"。在日常生活中，我们要随时随地做出善举，撒播善良的种子，让社会开遍善良之花朵。这样，社会就会变得更加美好。

"仁善"是人的头等选择

　　"善"与"上"谐音，意为上策、上等，是生活中的头等选择，古人云："终日言善，不如行一善，终生行善，须防行一恶。"为善不但是上等的选择，而且要落实到行动上，要"日行一善"。

　　有一位移民的后代，为了能在异国他乡生存下来，从15岁起，就跟随父亲打工，当时他在一家食品公司做推销员兼货车司机。去上班前，父亲告诉他："我们祖上有一遗训，叫'日行一善'。在家乡时，父辈们之所以成就了那么大的家业，都得益于这四个字。现在你到外面去闯荡，最好也能记着。"他谨记父亲的教诲，在工作时，总会做一些力所能及的善事，比如帮店主把一封信带到另一个城市，或是让放学的孩子顺路搭车。就这样干了4年。第五年，他接到总部的通知，要他去墨西哥，统管拉丁美洲的营销业务，理由是：该职员在过去的4年中，个人的销售量占佛罗里达州总销量的40%，应予重用。后来，他打开了拉丁美洲的市场，又被派到加拿大和亚太地区；1999年，被调回了美国总部，任首席执行官，年薪740万美元。就在他被美国猎头公司列入可口可乐、高露洁等世界性大公司首席执行官的候选人时，美国总统在竞选连任成功后宣布，提名卡罗斯·古铁雷斯出任下一届政府的商务部部长。这正是他的名字。卡罗斯·古铁雷斯这个名字已成为"美国梦"的代名词。他在接受《华盛顿邮报》的一位记者采访时说："一个人的命运，并不一定只取决于某一次大的行动，我认为，更多的时候，取决于他在日常生活中一些小小的善举。"后来，《华盛顿邮报》以"凡真心助人者，最后没有不帮到自己的"为题，对古铁雷斯做了一次长篇报道，记者在这篇报道中说，古铁雷斯发现了改变自己命运的最简单武器，就是"日行一善"。

修养名言赏读

仁者之勇，雷霆不移。

——宋·苏轼《祭堂兄子正文》

　　出自苏轼《祭堂兄子正文》。雷霆不移：雷打不变，比喻意志坚决。这两句大意是：心怀仁义者的勇敢，就是五雷轰顶也不动摇。勇敢也有不同的类型，有匹夫之勇，有鲁莽之勇，有一时之勇，这些勇均不如"仁者之勇"，唯有仁者之勇，才能知道什么是真正的勇敢，勇敢的意义是什么，因而无论在什么情况下，都能坚持真理，无所畏惧，粉身碎骨也在所不惜。

忠义

中正之心，我之威仪

　　楚汉相争的时候，有一个人名叫纪信，效力于汉王刘邦。有一次，楚霸王项羽攻打荥阳城，所向无敌，汉王在劫难逃。在这极危急的时候，纪信就自己请求和汉王换了衣服，坐了汉王的车子，堂堂皇皇出东城门去诓骗楚国人。汉王就乘了这个当儿，扮成一个普通人，从西城门逃走了。纪信因为这件事，竟被楚国人用火烧死。后来汉王打下了天下，做了皇帝，称汉高祖，他替纪信造了一座庙，叫作忠佑庙，他在诰词里面说：以忠殉国，代君任患，实开汉业。

　　忠，形声字。

　　金文为 ，上面是一面直立的旗帜，上下都有旗帜的飘带，中间的"口"形表示"中间"之意。

篆文简化为，把"旗帜"全省略了，书写上更加美观。忠，从心，从中。

《说文·心部》："忠，敬也。"段玉裁注曰："尽心曰忠。"本义为严肃认真，尽心尽力，忠贞不贰，坚守正道。尽心则无隐藏，故引申指赤诚、竭诚，如"交不忠兮怨长""忠厚""忠心"；古又特指忠君之人。忠字有心居中，正直不偏，即把心放在正中，无论对待什么，都把心摆正。忠是人们津津乐道的好字眼，如忠烈、忠良，成语中的"忠贯日月""尽忠竭力""忠臣烈士""忠孝节义""忠孝两全"，都对"忠"加以褒扬。

孔子对"忠"给予了高度的重视，在《论语》中出现了18次，他把文、行、忠、信作为对弟子授课的四门必修课。忠是儒家最基本的道德规范。首先是指诚实无欺。《论语·学而》："为人谋而不忠乎？"又《论语·子路》："居处恭，执事敬，与人忠。"朱熹云："忠者，诚实不欺之名"，"尽己之心为忠"。忠的特殊政治含义是臣子对君主的道德准则，其主要内容是忠诚无欺地尽思尽忠，尽职尽力，忠贞不贰。其次是指忠诚、忠厚、忠恕，这是为人处世的根本原则。"忠"是中华民族的传统美德。自古以来，对忠义的行为和人物，历史都给予高度评价，如忠义耿耿、忠肝义胆、赤胆忠心、忠臣孝子、忠心贯日等。忠孝观念在民间根深蒂固，很多宗祠和古宅常有"忠孝传家久，诗书继世长"的对联。"忠"是为人处世坚持公正立场、永不变心的品德，也是评价人品的标尺之一。忠义的人必然是可信赖之人。

义，会意字。繁体字为"義"。

甲骨文为，"我"为长柄有齿的兵器，又表仪仗，而仪仗是高举的旗帜，"羊"为祭牲。合起来的意思是为了我信仰的旗帜而不惜牺牲。

金文为。

篆文为 ![义篆文]。

《说文·我部》："义，己之威仪也。从我羊"。"义"从"羊"，即与善、美同义。"义"又从"我"，即谓义出于己，由己决定。《释名》中："义，宜也。""宜"为适宜。"义"的本义为公正合宜的言行或道理，是做人应该遵循的最高道义。义者，德之宜（道德的准则）、事之宜（立身处事的依据）、天理之所宜（顺乎天道自然的法则）。"义"还有情谊、恩谊之意，包括人与人之间的关照、提携。

儒家把"义"与"仁"相提并论：立人之道，曰仁与义。孔子很推崇"义"，把义作为君子的品格之一。他说："君子喻于义，小人喻于利。""不义而富且贵，于我如浮云。"他还说："君子义以为质，礼以行之，孙以出之，信以成之，君子哉！"意思是说，君子把义作为原则，用礼来做事，用恭顺的言辞来表达，用诚信的态度来完成，这样的人就是君子啊！孔子认为仁义是相辅相成的，仁侧重于人类道德的内在性质，为人立身的基础，义则侧重于人类道德外化的行为，是处事的标准。孟子把"义"看得比生命还宝贵。他说："生，亦我所欲也，义，亦我所欲也；二者不可得兼，舍生而取义者也。"当生与义相冲突时，孟子主张舍生取义。可见，义是多么的重要。姜太公说："与人同忧同乐，同好同恶者，义也。义之所在，天下赴之。"因此，正道为义，如义师、义战；众所尊戴为义，如义帝；与众共之为义，如义仓、义社；德行过人为义，如义士、义侠。

"忠义"表现为秉持中正之心

忠，从中，从心，表示忠是秉持中正不偏之心，秉持正道，公正处事，赤诚无私。《忠经·天地神明章》："忠者，中也，至公无私。天无私，四时行；地无私，万物生；人无私，大亨贞；忠也者，一其心之谓矣。为国之本，何莫由忠。"

"比干死争"的故事，就是国士尽忠的一个典范。商汤灭夏，建立商朝。汤是一个贤明的君王，以仁道治天下，开创了商朝的兴盛。其间历经29个国君，到了纣王时代。纣王天资聪颖，臂力过人，但荒淫游侠。纣王的叔父叫比干，在纣王身边做少师官，叹着气说："君王暴虐成这个样子，不去劝谏，那就是不忠了。为了怕死，不敢说话，就是不勇敢了。君王有过失就应该去劝谏，做臣子的不用死去争，那么就对不起天下的百姓。"于是，比干就到纣王那里去强谏。纣王生气地说："听说圣人的心上有七个窍。"就剖开比干的胸膛，挖出心脏来看。纣王暴虐至此，周武王率领诸侯讨伐纣王。纣王兵败，自焚而亡。忠言逆耳啊，纣王要是听得了比干的意见，也不至于落到如此下场。而心中秉持正道，想解救天下百姓的比干，被孔子称为仁人志士，成为忠臣的表率，千古流芳。

"忠义"表现为对祖国的热爱之心

"忠"上"中"下"心"，是建立在"心"之上的。这就说明了"忠"的根源来自一片赤诚的心。没有"忠"心，不可能有"忠"行。这颗心首先是来自爱国之心。屈原悲赋《离骚》以示忠君之意，劝君不听愤而跳江以殉国；诸葛亮"三顾频烦天下计，两朝开济老臣心"，鞠躬尽瘁，死而后已，为蜀燃尽最后一缕精气神；文天祥"人生自古谁无死，留取丹心照汗青"，宁死不屈，为亡国守护最后一份尊严；岳飞"壮志饥餐胡虏肉，笑谈渴饮匈奴血"，勇战沙场，忠心为国。

钱学森是在1935年8月作为一名公费留学生赴美国学习和研究航空工程和空气动力学的，经过十多年的努力奋斗，他成了当时世界一流的火箭专家。1949年，身在美国的钱学森，听到了激动人心的喜讯：中华人民共和国成立了！钱学森决定以探亲为理由立即返回自己的祖国。他会见主管他研究工作的美国海军次长金布尔时，向金布尔严正声明他要立即动身回国，金布尔听后大为震惊，他认为钱学森无论放在哪里都抵得上五个师。还说："我宁可把他枪毙了，也不让这个家伙离开美国！"所以当钱学森一走出他的办公室，金布尔马上通知了移民局。随后，他突然收到移民局的通知——不准全家离开美国。当时，美国国内出现了一股疯狂反共、迫害进步人士的逆流。钱学森上了美国特务机关的黑名单，不断受到迫害。然而，钱学森没有屈服，他不断提出要求：坚决离开美国，回中国去！1955年，中国政府通过外交斗争，迫使美国政府同意钱学森返回中国。钱学森终于回到了朝思暮想的故土。钱学森激动地说："我相信我一定能回到祖国。现在，我终于回来了！"

"忠义"源于美善之心

义的繁体字，上面是一个羊字，"羊"是食草动物，性情温顺而不侵扰他类，聚群而不内讧，有跪乳之美行，是善良的代表，大善之表率，美好的展示，吉祥的象征。"羊"是"美"之首、"善"之首、"祥"之依，"羊"在"我"之上，即是我把自己最美好、最善良的东西顶在头上，这就是"义"。董仲舒云："以仁治人，义治我。"意思是说，以仁对待他人，以义（法度）对待自己。由此可见，义是人类内在的一种道德良心。《孟子·告子上》："仁，内也，非外也；义，外也，非内也。"意为仁德是发自内在的，不是外因引起的；义行是外因引起的，不是发自内在的。"义"是"仁"的一种外在的表现。

广州越秀区有一条小巷，名叫相公巷，相公巷有一个义举的传说。故事发生在明代，当时，濠畔街住了一位在广州做生意的浙江绍兴人，姓吴，不知其名，因在兄弟中排行第八，人们称他为"吴八爷"。这位吴八爷虽是商人，但乐善好施，很讲义气。一天早晨，吴八爷像往常一样到井边打水，看见一个头顶缭绕着一团黑气的男子，正盘腿坐在井盖上。吴八爷感到十分奇怪，连忙上前询问。那个男子对吴八爷说，他是掌管此地瘴疬疫气的瘟神，这口井里疫气正盛，喝了它的水必死无疑，必须过了七天七夜后才能喝。话一说完，瘟神就腾空而起，消失无踪。

吴八爷听后大吃一惊。他想：人命关天，此事非同小可，宁可信其有也不可信其无，一定要制止居民取水。于是，他不分昼夜地守候在井旁，凡有人来打水，他就把瘟神那段话如实相告；如果有人不信硬要打水，吴八爷就不惜横眉怒目予以斥骂，坚决把来人赶走。人们对他的话半信半疑，有人甚至认为他得了神经病，但为了不惹事，只好离开。

七天七夜终于过去了，吴八爷成功地制止了一场灾难。他已疲累得很，想回家休息，但仍然不放心，决定自己先尝试一下。于是，从井里打起一桶水，喝了一碗；谁知没过一会，却毒发身亡。

这时，人们才相信井水有毒，大家都对吴八爷的义勇行为感激不已，就凑钱在井边修建了一座祠堂纪念他，命名为"相公祠"，同时把位处濠畔街旁的这条小巷命名为"相公巷"。

"忠义"是勇于牺牲自我的行为

繁体的"義"下半部是"我"，"我"是自我，"我"在下面，就说明"我"应该为"义"作出牺牲，勇于承担责任，赴汤蹈火，在所不惜。在生死攸关的时刻，肝胆相照，甚至不惜舍弃自己的生命或亲生骨肉去搭救。"赵氏孤儿"和"荆轲刺秦"的故事说的就是这种义举。

春秋时期，晋国奸臣屠岸贾欲除忠烈名门赵氏，他率兵杀掉了赵朔全家老小，唯一漏网的是赵朔有身孕的妻子。赵朔有个门客叫公孙杵臼，还有一个好友叫程婴。赵朔死后，两个人聚到一起商议救孤。不久，赵妻生下个男孩。屠岸贾闻之，带人来搜查，恰好程婴有一个刚出生不久的儿子，程婴含泪采取了调包之计，眼睁睁地看着亲生儿子死在乱刀之下。随后，程婴身负"忘恩负义，残害忠良"的"骂名"，带着赵氏孤儿隐居深山，培养孤儿赵武长成顶天立地的汉子。终于苍天不负有心人，程婴与赵武，在朝中大臣的帮助下，里应外合，灭掉了权臣屠岸贾。赵氏冤情大白于天下，程婴之义举亦光耀千古。

"荆轲刺秦"也是勇于牺牲自我的感人故事。战国末年，秦王嬴政一心想统一中原，不断向各诸侯国进攻。燕国的太子丹原来留在秦国当人质，后来偷偷逃回燕国。为复仇，太子丹物色到了一个很有本领的勇士，名叫荆轲。公元前228年，秦国大军占领了赵国都城邯郸，一直向北逼近燕国。燕太子丹十分焦急，就去找荆轲，要他去刺杀秦王。荆轲知道无论成败，必死无疑，仍毫不犹豫地答应了。公元前227年，荆轲从燕国出发，太子丹和宾客穿上白衣白帽，到易水边送别。荆轲唱道："风萧萧兮易水寒，壮士一去兮不复还。"甚为悲壮。最终，荆轲刺杀秦王失败，为秦王所杀；但他慨然赴死的义举，却千古流传。

"忠义"要用武器去捍卫，要敢于向邪恶说不

"义"字从"我"，"我"是手持一把"戈"，其意思是正义要向恶人坏事说不。不因私心私情而罔顾纲法，放过触犯法律者。

东汉时期，有名清官叫苏章，其为官清正，公私分明，深受百姓的爱戴。苏章任冀州刺史时，清河太守是他的好朋友。有一次，苏章发现一个案子与清河太守有关，于是便请清河太守吃饭。清河太守本来心里有鬼，吓得不得了。不料苏章绝口不提案件之事，只是一直交谈平生之好，于是两人相谈甚欢。清河太守非常高兴，以为苏章是念旧情而不追究自己，便道："人人都只有一个老天爷照应，我却有两个，这真是我的荣幸啊！"然而，苏章突然正色道："我今天请你过来喝酒，是因为朋友之情，明

天将升堂办案，定会公事公办，你可千万不要误会。"第二天，苏章果然秉公执法，不徇私情，按律给清河太守治了罪。于是冀州境内都知道苏章是个刚正无私、拥护正义的人，十分敬畏他，此后再也没人敢胡作非为了。

在旧时封建社会中，"一人得道，鸡犬升天"的现象屡见不鲜，苏章能够坚持自己心中的正义，不徇私情，大义灭亲，实属难得。

"忠义"以适合事宜为标准

义，音通宜，即适应。《诗经》："命之不易，无遏尔躬。宣昭义问，有虞殷自天。"这里的"义"，指人们的言行符合规范秩序，"义问"是指美好的声誉。为此，只有合乎正义的义才是真正的勇敢。不义而率性而为是鲁莽，不义而舍命者是亡命之徒，于天下之公理不配者是狂徒，勇不能离开义，只有见义勇为者才是真正的勇者。

"义"字加"人"字为"仪"，表示为义之人，姿容、举止、风度端正、有礼，仪表堂堂，仪态万方。"义"字加"言"字则为"议"，意为有义之人，作风要民主，善于听取众议，善于讲符合正义的话。

利益和忠义在现实生活中往往是有矛盾的。儒家主张重义轻利，孔子强调"君子义心为上"。孟子主张"生，亦我所欲也，义，亦我所欲也；二者不可得兼，舍生而取义者也。"他们主张重义轻利、先义后利、见利思义、取利有道。其实，"利"也是多方面的，既有经济之利、精神之利、文化之利，也有生命之利。首先应追求利与义的统一，其次要全面权衡利的多维取向，最后应以义取利，甚至在两者发生冲突时，舍利取义。

"忠义"还是善始善终

　　"忠"音通终，意为始终如一，善始善终。"疾风知劲草，板荡识诚臣。"危难之际，最能考验一个人的忠诚度。一个人春风得意的时候，身边簇拥着一帮人。而当其失意的时候，往往门庭冷落。这是因为许多人并非忠诚之人，而是势利之徒。忠诚的反义词是背叛，背叛比敌人更可恶。因此，我们对"汉奸"和"叛徒"深恶痛绝。我们通常所说的"反骨仔"，就是卖身求荣之人。当然"忠"不是个人崇拜，更不能愚忠。在今天的现实生活中，我们要赋予"忠"新内涵，这就是忠于祖国，忠于人民，为民谋利，为民造福，忠于职守，兢兢业业，勤奋工作。天下兴亡，匹夫有责，像文天祥那样"人生自古谁无死，留取丹心照汗青"，像林则徐那样"苟利国家生死以，岂因祸福避趋之"。

见利不亏其义，见死不更其守。

——西汉·戴圣《礼记·儒行》

　　出自西汉戴圣的《礼记·儒行》。守：操守，志节。这两句大意是不要见到财利就做有损于大义的事，宁可牺牲自己的生命，也决不改变自己的志节。在社会生活中，贵义贱利是我国古代正统的义利观。《论语·宪问》："见利思义，见危授命"。刘向《新序·义勇》："见利不动，临死不恐"。在义利关系上，义是人们的行为标准，利是人们追求的目标。而当两者产生矛盾时，要先义后利。正如孔子所说的"不义而富且贵，于我如浮云"。这种经济伦理观在今天仍有指导意义，只有以义反利，才是生财正道。而当义利冲突时，只有舍利取义，才符合义的要求。

诚信

言必有行，行必有果

1966年11月，在接见红卫兵的天安门城楼上，在震耳欲聋的欢呼声中，一位意大利记者采访了朱德。记者问："在您的一生中，对您影响最大的书是《毛主席语录》吗？"朱德不假思索地回答："不！是《识字课本》。"记者又问："您一生中最大的遗憾是什么？"朱德颇为内疚地答道："我没能侍奉老母，在她离开人世的时候，我都没在床前给她端一碗热水。"记者再问："您想在您身后留下什么样的名誉？"朱德言出脏腑："一个合格的老兵足矣。"从这个简短的对话中，可以看到朱德是一个多么诚实的人。

诚，形声字。繁体为"誠"。

篆文为𧨼，从言，成声。

《说文解字》中解释："诚，信也。"言指言语；成指壮丁扛戈，已长大成人。《增韵》："诚，无伪也，真也，实也。"本义为真心诚意，如"诚心诚意""以诚待人""开诚布公""著诚去伪"等。诚有真实的意思，从而引申为确实、实在，如"诚惶诚恐"；诚还有果真的意思，如"今诚以吾众诈自称公子扶苏、项燕，为天下唱，宜多应者"。

"诚其意"是儒家提升个人修为的重要方面。《礼记·大学》指出："所谓诚其意者，毋自欺也。如恶恶臭，如好好色，此之谓自谦。……故君子必诚其意。"意思是说：使意念真诚的意思是说，不要自己欺骗自己。要像厌恶腐臭的气味一样，要像喜爱美丽的女人一样，这就叫作自求快意满足。……品德高尚的人一定要使自己的意念真诚。明代思想家王阳明说"《大学》之要，诚意而已矣"，并将其作为其"心学"的核心内容，由此对中国传统文人的心理和人格产生了重大影响。

儒家把"诚"作为伦理学的重要范畴，其含义大致有三：一指德之高。朱熹说"诚者，真实无妄之谓"，意思是说，诚实可信的道德品质，与虚伪狡诈对举。二指天之道。《礼记·中庸》："诚者，天之道也；诚之者，人之道也。"诚是天之道，追求诚是人之道，诚为沟通天人的桥梁和天人合一的基础。三指人之性。周敦颐在《通书》中讲，"诚者，圣人之本。"至诚之人，可"赞天地之化育，与天地参"，进入天人合一的境界。

信，会意字。《说文·言部》："信，诚也。从人，从言。"信字的本义是诚实、诚意。

金文𢓊，由一人（𤰔）加上一口（𠙷）组成，表示开口做出许诺。

籀文𦔜，承续金文字形。

篆文𦖞，将𠙷变成𧥼，强调许诺、发誓的意思。

信字由人、言组成，人言而信，人说的话要算数，信表示一言既出，驷马难追，诚实不欺，讲信用、讲信义。说出自己内心真实所想即是"诚"，践行自己所承诺的事情便是"信"。信是言行一致，真实无欺。孔子把信作为立身之本。孔子的弟子曾子每天都从三方面进行自我反省，其中之一就是"与朋友交而不信乎"。

诚信是中国传统道德的重要原则，也是为人最基本的准则。它要求人们真实无妄，诚善于心，言行一致，人们往往把"信"与"忠""诚"连称为忠信、诚信。在中国思想史上，各学派都对信予以不同程度的重视，其中儒家对"信"最为推崇。尤其是汉代，"信"被儒家列入"五常"之后，其地位进一步突显，成为最基本的道德规范。在儒家看来，信是"进德修业之本""立人之道"和"立政之本"。在《周易·乾卦》的《文言》中，就有"忠信，所以进德也"的论断，把讲求忠信视为增进美德的根本方法。孔子则不仅提出了"人而无信，不知其可"（《论语·为政》），把信作为立人之本，而且把信视为立国之本，认为"民无信不立"（《论语·颜渊》）。如果人民不信任，国家朝政就站不住脚，因而即使去兵、去食，也要存信，宁死必信。宋代王安石《商鞅》诗中说："自古驱民在信诚，一言为重百金轻。"孔子在《论语》中说："子以四教：文、行、忠、信。"孔子以四种美德教育学生，这就是：斯文明礼，品行端正，忠于职守，诚实守信。不仅如此，子思更把"信"的伦理原则上升为天道，《礼记·中庸》中有"诚者，天之道；诚之者，人之道"的命题，诚、信是天道的属性，人们讲求诚信，就是对客观天道的尊重、认同与遵循，对人类本性的完善。后来，宋明理学家对"信"作了更为精致、深入的阐发，作为人际交往的行为规范，信的基本要求是真诚相待、诚实不欺、讲究信誉、信守诺言等。孔子就说过，"与朋友交，言而有信"（《论语·学而》），"信则人任焉"（《论语·阳货》）。在人与人之间相互交往中，必须言行一致，重然诺，守信用，这是取得他人尊重、理解，建立信任的基础。如果不以诚挚之心待人，言行不一，翻云覆雨，相互欺骗、相互猜疑，则会产生信任危机，造成沟通的隔膜，导致人际关系的恶化。魏晋时期思想家杨泉在《物理论》中曾指出："以信接人，天下信之；不以信接人，妻子疑之。"可以说，"信"是人与人之间相互交往的精神纽带，它能把人紧密、牢固地联系在一起；缺少"信"这一纽带，人与人之间，哪怕最亲近的人之间，也无法建立真诚、和谐的关系。《逸周书·官人》云："父子之间观其孝慈，兄弟之间观其和友，君臣之间观其忠惠，乡党之间观其信诚。"

当今社会，从熟人社会转变成契约社会，信用成为维系经济关系和社会关系的重要道德纽带，也是建立市场经济秩序的基石。信仰、诚信、信任成为当今社会重要的精神道德资源。言而有信、重信守诺、言出必行是做人的基本品德。那么"诚信"二字对人的修养提出什么样的要求呢？主要有如下几个方面。

"诚信"是做人的基本准则

"信"字从"人"，人字旁，表示"人言为信"。程颐说："以实之谓信。"可见，"信"的基本要求是做人要信守诺言、言行一致、诚实不欺。诚信，即待人处事讲信誉，言必信、行必果，反对虚伪、造假。从治国理政的角度来看，《左传》有云："信，国之宝也。"认为诚信是治国的根本法宝。

相传古时济阳，有个富翁在渡河时不幸沉船，危急中他抓住一根浮木大声呼救。有个渔夫听闻救命，远远赶来，富翁一看到渔夫，大喊道："我是济阳最有钱的富翁，你要是能救我，我上岸就给你一百两金子！"渔夫很高兴，可是将人救上岸后，富翁却立刻翻脸不认账了，最后不情愿地给了渔夫十两金子。渔夫斥责他不守信用，临时变卦出尔反尔。富翁却满不在乎地说："你一个打鱼的，一辈子能挣几个钱？给你十两金子就知足吧。"渔夫气不过，只得愤愤离去。谁知没过多久，那富翁又一次在河里翻船了，大呼救命。有人想伸出援手，结果被他欺骗过的渔夫就告诉大家，这个富翁就是那个当初不守信用的人。大伙得知后纷纷感到不齿，自行散了，富翁自食苦果，就这样淹死在河中。

诚信，在中华民族数千年的灿烂文化与悠久历史中扮演着不可替代的重要角色，已成为维系社会良性发展的重要准则，其于己、于家、于国发展都有重要意义。《史记·商君列传》云："千人之诺诺，不如一士之谔谔。"一万句承诺抵不上一个实在的行动。如果做出了承诺，就要想方设法付诸实现，而不仅仅停留在一纸空文。"鸟惜羽毛，人爱名声。"轻言许诺、然后随意践踏自己诚信的官员，在上级的眼中难堪大任，在下级的眼中无才无能，其个人的价值，可能就因为缺失诚信而被全盘否定。

"诚信"表现为言必信，行必果

"诚"字，由"言"和"成"组成，这就是说，要"言必信，行必果"，这是成功的必要条件。同时，诚实是成功之人必备的道德品质。"诚"字从"成"，表示"诚"有如一个成年人说话，斩钉截铁、铿锵有力、落地有声、说话算数、说到做到。

历史上商鞅变法"立木取信"的故事说明了诚信是做人之本，是治国理政之基。

商鞅颁布新法时，为了取信于民，在都城南门外立了根三丈木杆，并张贴布告：谁能把木杆搬到北门，赏金十两。老百姓看了布告都不敢相信，谁也不动。商鞅又下令：把木杆搬到北门者，赏金五十两。这回有人动心了，真的把木杆搬到了北门，商鞅当众赏了他五十两。商鞅此举，用诚信获得了老百姓的信任。商鞅以此昭示新法的严肃性，促进了新法的顺利推进，变法也取得了成功。

"诚信"表现为真实、不虚

"诚",其本义为真,与之相联者有真诚、诚实、诚信、诚挚、诚恳,它与虚伪、虚假、矫饰形成鲜明的对比。其内涵体现在如下几个方面:首先是真实,不说假话,不说违心话,不干违心事。著名文学家钱锺书的夫人杨绛就是一个诚实之人。

当年有篇文章这样写道:国庆前夕,江青派人给钱锺书送来国宴的请柬,被钱锺书所拒。来人问:"我能不能回去说,钱先生病了。"钱锺书回答:"不,我没有病,我身体很好,但我不去。"文章这样写自然是为了赞扬钱锺书刚正不阿,高风亮节。然而,对这样的写法,杨绛不以为然,她说:"当时,钱锺书受邀参加国宴,锺书的确有病去不了。"杨绛面对旁人过度拔高钱锺书的行为,"不虚美",不仅体现了杨绛的涵养,而且体现了杨绛有一颗真诚之心。

其次是本色。有人说,本色,含有山的赤诚,流着泉的激情,映着天的纯净。鲁迅先生把作文的秘诀,概括为:"有真意,去粉饰,少做作,勿卖弄。"这就是说,只有发自内心的文章,才最有真情,最有力量,也最能感染人。写文章如此,做人也是这样。当金钱和权力、虚伪和浮华把人冲击得眼花缭乱的时候,本色日渐淡薄,取而代之的是各种包装和雕饰。结果,人变得言行不一,表里不一,失去本色。如果生活中多的是这类口是心非,难见庐山真面目,看什么都觉得真假难分,担心陷入圈套,这个世界将是多么可怕!再次是厚道。这就是与人为善,不陷害人,更不落井下石。黄克诚在庐山会议时,支持彭德怀的观点,有人动员他揭露彭德怀,但他即使丢了"乌纱帽",也不做害人的事。始终心地善良、厚道,和他的名字一样,恪守真诚。最后是自尊。诚实的人是以自尊为前提的。一个人只有自尊,别人才会尊重你;只有诚实了,别人才会对你诚实。一个社会如果视名誉高于金钱的话,那么,诚实就成为必然了。

"诚信"要运用语言的力量

　　"信"从"言"，言是人表达思想的言说能力。立言得当、言之有物、言之成理，就能影响听众，造福人类。语言的翻译讲究信、达、雅。信，就是真实和准确。古人说，"一言可以兴邦，一言可以丧邦"，说明了"言"的伟大力量。

　　两千六百多年前，楚庄王的一匹御马死了，这马可是楚庄王的心肝宝贝。当即传旨满朝文武大臣，成立治丧委员会为马举丧，决定按大夫的级别来厚葬。群臣听后无不议论纷纷，皆为赞同。楚庄王大怒：为此事进谏者，治以死罪！群臣木立，鸦雀无声。这时，优孟匆匆赶来，一进大殿就大放悲声。楚庄王问："你是为我那匹心爱之马而哭吗？"优孟回答："正是如此。这匹马可是大王的至爱，理应隆重安葬。以我堂堂楚国之博大，实力之雄厚，没有什么难事可言，却为何只按大夫之礼来安葬宝驹，岂不大薄待了？"楚庄王听后，正合己意，忙问："你有何高见？"优孟道："应以君王之礼来葬：雕玉为棺，文梓为椁，楩枫豫章为题凑（用木料在棺椁周围堆起来），派兵卒深挖墓穴，令百姓背土筑陵，邀邻国国君参加葬礼，放全国哀假三日。然后，建立纪念祠庙，用太牢大礼祭奠，再派万户民众加以守陵。这样，举国上下，诸侯各国，才知道大王看待御马比看待人民还宝贵。"楚庄王先听得津津有味，直到尾句才恍然醒悟，道："我竟如此糊涂？哪能因小失大，为一匹死马而失民心？"他沉吟片刻，又问优孟："事已至此，如何处置？"优孟又说："马为六畜之首，礼应按六畜之礼处置。当以铜釜为棺，土灶为椁，生姜、红枣、花椒、茴香为陪葬；再架起熊熊烈焰，祭上大盆米饭，葬于众文武之腹中！"众臣听毕，无不掩面而笑：这个棺椁、那个陪葬的，原来是煮了马肉美餐一顿呀！楚庄王听后却觉得堂而皇之，既不失体面，又有台阶可下，大手一挥："准奏！"并吩咐御膳房，按优孟之言，以六畜之大礼葬之。优孟之忠言、信言，使楚庄王恍然大悟，这就是"言"的伟大力量。

"诚信"具有无限的能量。俗话说，"心诚则灵"。"诚"是专心、专一、忘我，因此，往往会产生神奇的力量，出现超常的现象。这就是所谓的"精诚所至，金石为开"。禅宗六祖惠能就有一个"心诚则灵"的传说。惠能二十四岁时，执意要到湖北东禅寺五祖弘忍大师处出家求法，他的母亲和舅舅坚决反对，说：除非石头开花，你就去吧。惠能为表达他意志的坚定，向上天祈祷了七七四十九天，终于，感动了上天，一个霹雳把石头炸开了花。他的母亲看是天意，只好让他去求法。这就是今天还在云浮新兴县的"别母石"的来历，这就是真诚的力量。

　　日本著名企业家吉田忠雄，最早在电器商行推销一种剃须刀。让他高兴的是，短短半个月，他竟做成了二十多笔生意。然而有一天他无意中发现，他所推销的剃须刀比别家店里的同类型产品价格要高，这使他忐忑不安，有愧于心。价格高了，利润虽然丰厚，但却亏了客户。经过思考，他决定向客户退还价款上的差额。吉田忠雄这种做法深深感动了客户，其中不少客户不但没收差额退款，还主动跟他继续订货，增添了许多新品种。吉田忠雄的业绩越来越好，得到了公司的奖励。后来，他在回顾自己成功之路时说，为人处世首先要讲求诚实，以诚待人才会赢得别人的信任，离开这一点，一切都成了无根之花，无本之木。

　　吉田忠雄"把今天的诚信，当作明天的市场"，不高价出售产品，主动退还差额，发自内心的坦诚，深深打动客户，支持者剧增。古人云："以诚感人者，人亦以诚应。"真诚不但能感动天地，而且也能感动他人，以诚立世，取信于人，就能产生巨大的感召力，产生神奇的力量。

　　诚、成、城，形相近。诚实的人，能够赢得他人的信任和帮助，大多能成就一番事业，获得成功；诚实的人，就像一座城堡，屹立在那里，风吹雨淋，不为所动，自有他的人格魅力。

行之以躬，不言而信。

——宋·欧阳修《连处士墓表》

躬，亲身实践。信，取信于人。这两句大意是：事事带头去做，虽然不说话但能取信于人。事必躬亲，虽然不说话，但自己的行为本身已做出了最好的榜样和证明，所以能取得人们的信任；若只是夸夸其谈，指手画脚，却并不付诸实践，那么说得再动听人们也不会相信。身教重于言教，信行不信言，这是一条规律。这两句可用以启示要取信于人必须亲自去做，而不能停留在空谈。

礼敬

源于恭敬，一丝不苟

　　地位越高的人，越应该注意礼节。三国时，曹操在官渡之战前各方面均处于劣势。一天，听说袁绍的谋士许攸来访，他竟顾不得衣服，打着赤脚慌忙出门迎接，对许攸十分尊重。许攸被曹操的诚心感动，积极为曹操出谋划策，帮了曹操大忙。然而，曹操也吃过不讲礼节的亏。当他志得意满、一帆风顺时，西川的张松前来献图，曹操当时态度傲慢，给张松留下了"轻贤慢士"的坏印象。张松临时改变主意，把本来要献给曹操的西川地图，转而献给了刘备。这对曹操来说，是一大损失，他追悔莫及。可见，对帝王将相来说，能否以礼待人是关系到大局成败的大事，不可小视。

　　礼，会意字。

甲骨文为🜊，金文为🜋，篆文为禮，繁体为"禮"，从示，从豊，豊亦声。"礼"从"示"，表示与祭祀有关，甲骨文像礼器"豆"中盛满了祭品玉器，表示致祭之意。篆文分为二体：以示表示致祭，以豊表示丰满。

《说文·示部》："礼，履也。所以事神致福也。"即祭神灵以求福。《说文·豊部》："豊，行礼之器也。从豆，象形。"本义为古代祭祀用的礼器，后引申为礼貌、礼仪、礼让，泛指社会生活中的规范和礼节。如用"礼轻情义重"表示礼物虽轻，但心意很深重；用"礼让为国"表示以礼所倡导的谦让精神治国；用"礼尚往来"表示在礼节上注重相互往来；用"礼贤下士"表示尊重有才德的人；用"礼奢宁俭"谓礼过多而苛烦，不如俭约些；用"礼士亲贤"指尊敬有知识的人，亲近有才德的人；用"礼顺人情"指礼为社会道德、行为之标准，须顺乎人情；用"礼贤远佞"指敬重有才德的人，远离巧言献媚的人；用"礼之用，和为贵"表示按机行事，当以和平、宁静为本。

孔子把"礼"作为重要的政治伦理规范。他非常重视礼的教育，以《诗》《书》《礼》《易》为教材，以文、行、忠、信为课目，开设了礼法、音乐、射箭、驾车、识字和数学"六艺"。他说："不知礼，无以立也。"礼是一个人立身处世最基本的要求。有一次，弟子颜渊请教孔子问道，践行仁的具体做法是什么？孔子回答他，不合于礼的不看，不合于礼的不听，不合于礼的不说，不合于礼的不做。孔子把"礼"作为德与仁的体现，他认为一个内心不仁的人，是没办法做到礼的。荀子说："人无礼则不生，事无礼则不成，国家无礼则不宁。"儒家把礼义廉耻作为国之四维。《管子·牧民》："何谓四维？一曰礼，二曰义，三曰廉，四曰耻。礼不逾节，义不自进，廉不蔽恶，耻不从枉。"礼可明贵贱尊卑，义能立行事之重，廉会判正邪善恶，耻则知羞耻之格，"均为治国之本"。礼对于社会、国家来说就是"序"，是维护社会秩序的工具，调节社会秩序的手段。礼对个人来说，是一个人立身处世之本，也是一门做人交友的学问，中华民族是"礼仪之邦"，朱熹的《朱子家礼》催生了保留至今的韩国礼仪。然而，传统礼仪在中国本土因种种原因而逐渐消失。不知礼、不守礼的现象还是随处可见。一个人的仪容、仪表、言谈、举止，是一个人的修养、教养、涵养的体现。"礼"的教育仍然是一个重要的课题。

敬，会意字。《说文·苟部》："敬，肃也。"

⫿，甲骨文。从羊，从人，表示恭敬。

⫿，金文。俘虏在古代都用作奴隶，故金文加"口"，又加"文"（手持棍），会督促其认真做事之意。

"敬"的本义为做事认真，态度恭谨。如《论语·学而》："居处恭，执事敬，与人忠。"后引申为敬重，有礼貌地奉上，如"相敬如宾""敬你一杯酒"等。

敬，是儒家学说的一个基本范畴，孔子主张人在一生中应该勤奋刻苦，为事业尽心尽力。他说："君子有九思：视思明，听思聪，色思温，貌思恭，言思忠，事思敬，疑思问，忿思难，见得思义。"敬的内容，包括敬天地、敬神祇、敬祖宗、敬父母、敬师长等。礼敬是一种自我修养的方法，一种人生态度，也是处理人际关系的准则。

"礼敬"发端于祭祀

"礼"从"示"，"示"的甲骨文是祭台的象形，表示与祭祀有关。甲骨文⫿像在高脚盘中盛放玉器以奉神灵。古人将通灵玉器敬祭神灵以求福，因此，礼是拜神致福。礼开始于祭祀。为什么要祭祀？《礼记·祭义》说："天下之礼，致反始也。"意思是说，世间所有的礼仪、礼节、礼德都是为了找到本源，找回本源，不要忘本。《礼记·檀弓上》中说："礼，不忘其本。"礼的本义，就是不忘祖先、不忘本、不忘自己是从哪里来的，不忘我是谁，找回你自己。《礼记·郊特牲》："万物本乎天，人本乎祖。"人要找到自己的本源，不仅要问祖，更要问天，所以，祭祀不仅要祭祖，还要祭天、祭地、祭鬼神。祭祀必然要有一套仪式、祭品，因此，礼就产生了。《论语·为政》："生，事之以礼；死，葬之以礼，祭之以礼。"孔子认为父母活着用心侍奉，去世后以礼安葬拜祭，就是孝道。

"礼敬"发自恭敬之心

"礼"最早是礼神，是以虔诚之心，恭敬之心，去顶礼膜拜。古代祭祀的对象主要有天神、地祇、人鬼三类，祭品主要是牲畜和醴酒，其要素包括礼法、礼器、礼仪等。我们去西藏经常看到信徒在朝圣的路上五体投地、几步一拜的场景，这就体现了虔诚和敬仰之心。

宋代理学家杨时拜大儒程颐为师，有一次去拜见程颐时，见老师在厅堂上睡觉，他不忍惊动，便静静地站在门廊下等候。时值隆冬，瑞雪霏霏，杨时冻得发抖，但依旧恭敬地立在门外。良久程颐醒来，发现杨时脚下的积雪已经一尺多厚了。这就是"程门立雪"的故事，杨时执弟子之礼甚恭，源于对老师的崇敬。他潜心研究和传播程氏理学，被当时学界推为"程学正宗"，也为后世树立了尊师重道的典范。

礼，只有出自恭敬之心，表现出来才是真诚的。假如不是发自内心，必然是虚伪的、造作的。因此，孔子认为礼要心意为重、远离奢靡。在《论语·八佾》中有这样一段话："林放问礼之本。子曰：'大哉问！礼，与其奢也，宁俭；丧，与其易也，宁戚。'"这里，孔子说："你问的问题意义重大，就礼仪的一般情况而言，与其奢侈，不如节俭；就丧事而言，与其仪式上治办周备，不如内心真正的哀伤。"《论语·八佾》又言："祭如在，祭神如神在。子曰：'吾不与祭，如不祭。'"祭祀祖先就像祖先真在面前，祭神就像神真在面前。孔子认为，参加祭祀，心意才是最重要的。在孔子看来，奢靡浪费是一种越礼行为："奢则不孙，俭则固，与其不孙也，宁固。"孔子认为："奢侈了就会越礼，节俭了就会寒酸。与其越礼，宁可寒酸。"孔子的这一观点在今天非常有现实意义。在时下的乡村，葬礼往往办得很隆重，即使贫穷的家庭，也"打肿脸充胖子"，为了体面，大办葬礼，结果负债累累，其实是违背了"礼"的要求。孔子在礼仪上崇尚节俭的思想，对于今天婚丧嫁娶的奢靡之风不失为一剂"清醒剂"。礼的前提是敬，没有敬，礼不过是一种空的形式。

"礼敬"的表现为仪式

"礼"是一种祭祀活动，凡祭祀活动都有一定的仪式，仪是礼的一种表现。《礼记·冠义》说："礼义之始，在于正容体，齐颜色，顺辞令。"行礼一定要遵循既定的礼仪，既可以显示其庄重、庄严感，也富有纪念意义。潮汕地区给满十五岁的小孩举办一个叫"出花园"的仪式，很有教育意义。在十五岁的生日，父母给小孩吃"七样菜"，如葱，寓意聪明；芹菜，寓意勤劳；韭菜，寓意长久；生菜，寓意生财；大红鸡蛋，寓意圆满；柑，寓意生活甘甜。有些学校在学生开学的第一天举办"开笔礼"，内容包括写一个字、诵一段经典、唱一首歌等，这是很有纪念意义的。最近几年，我们在十八岁的学生中，举行"成人礼"，也是一个以"礼"为载体的活动。我国的传统节日，过去都有一套过节的仪式，近些年这些传统慢慢地消失了，以过年为例，大家都感到"年味"越来越淡了。为此，我们对传统节日进行了节日设计。在广州过年，腊月二十八到除夕，举办迎春花市，家家摆年橘、插鲜花；正月十五，举行"广府庙会"，城隍爷出巡，与民同乐。礼俗的恢复，既活跃了文化生活，也推动了商业发展，还有助于和谐社会的建设。

"礼敬"体现为一丝不苟

敬，从苟。苟，就是一丝不苟，认真负责。北宋理学家程颐说："所谓敬者，主一之谓敬；所谓一者，无适之谓一。"敬就是对所从事的职业认认真真，尽职尽责。

1972年，任小萍作为第一届工农兵大学生，毕业于北京外语学院，被分配到英国驻华大使馆当接线员。做一个小小的接线员，很多人都会觉得没出息，但她把这份工作做得非同凡响。她把使馆所有人员的名字、电话、工作范围，甚至连家属名字都背得滚瓜烂熟。有些电话进来，有事不知找谁，任小萍就会多问问，尽量帮助人家准确地找到人。慢慢地，使馆人员有事要外出，都委托她代办。一时间，任小萍成为使馆的留言处、大秘书，成了使馆的"全权代办"。没多久，她就因工作出色而破格出任英国某大报记者处的翻译。在那里，她同样干得非常出色，不久又被破例调任美国驻华联络处。再后来，她被提拔为北京外交学院副院长。她说："在我的职业生涯中，每一次都是组织上安排的，自己并没有什么自主权。但在每一个岗位上，都有自己的选择，那就是要比别人做得更好。"

有的人把事业当成混饭吃的职业，最终将一事无成；还有的人好高骛远，挑精拣肥，无所用心，最终也一样碌碌无为。只有把职业当成事业，兢兢业业，才能一步步地迈向成功的巅峰。这是"敬"的正面意义。

"礼敬"的反面意义是马虎。鲁迅就曾指出，中国四亿人得了一种病，名叫马马虎虎。胡适也写过《差不多先生》，批评当时的国人缺乏认真的精神。马虎，小则害己，大则害国。马虎对事业的损害是非常严重的。

1962年7月22日，美国发射了一艘飞往金星的"水手一号"太空飞船。根据预测，飞船起飞44分钟以后，9800个太阳能装置会自动开始工作；80天后，电脑完成对航行的矫正工作；100天以后，飞船就可以环绕金星航行，开始拍照。可是，出人意料的是，飞船起飞不到4分钟，就一头栽进大西洋里。后来经过调查，发现当初在把资料输入电脑时，有一个数据前面的负号给漏掉了，这就使得负数变成了正数，影响了整个运算结果，导致飞船计划失败。

牛顿曾经说过："在数学中，最微小的误差也不能忽略。"我们平时学习，就应该有这种谨慎细心、一丝不苟的态度，严格要求自己，今后在工作生活中才能避免犯更大的错误。

恭而无礼则劳，慎而无礼则葸，

勇而无礼则乱，直而无礼则绞。

——孔子《论语》

这段话的大意是：恭敬而不明礼，则会辛劳无功；谨慎而不明礼，则会畏缩拘谨；勇猛而不明礼，则会发生动乱；直率而不明礼，则会尖酸刻薄。孔子在这里阐述了"礼"与"恭""慎""勇""直"的关系。首先，"恭敬"是"礼"的核心和前提，同时，"礼"又是"恭敬"的表现，一个人举止无礼，是对人的不敬；"谨慎"而又无礼，必然显得猥琐；勇猛而无礼，必然举止粗鲁；率直而无礼则会尖酸刻薄，率直有时也要看人、看时、看特定的环境，否则，率直是对他人的一种伤害。

孝悌

子承父老，兄友弟恭

　　《二十四孝》辑录了中国历史上有名的孝道故事，其中，芦衣顺母的故事特别具有现实意义。闵损，字子骞，春秋时期鲁国人，孔子的弟子，在孔门中以德行与颜渊并称。孔子曾赞扬他说："孝哉，闵子骞！"（《论语·先进》）他生母早死，父亲娶了后妻，又生了两个儿子。继母经常虐待他，冬天，两个弟弟穿着用棉花做的冬衣，却给他穿用芦花做的"棉衣"。一天，父亲出门，闵损牵车时因寒冷打战，将绳子掉落在地上，遭到父亲的斥责和鞭打，芦花随着打破的衣缝飞了出来，父亲方知闵损受到虐待。父亲返回家，要休逐继母。闵损跪求父亲饶恕继母，说："留下母亲只是我一个人受冷，休了母亲三个孩子都要挨冻。"父亲十分感动，就依了他。继母听说，悔恨知错，从此对待他如亲子。当代社会，类似的重组家庭不少，家庭矛盾骤增，如果大家都能有闵损之心，则家家和睦，世道安宁。

孝，会意字。

甲骨文为𗐕，像一个须发飘拂的老者，在儿子的搀扶下行走的样子。

金文为𗐕，上部是面朝左、长头发的驼背老人，老人之下有"子"，像一个老人趴在儿子的背上。

篆文为𗐕，形状和意思与金文基本一致。

《说文·老部》："孝，善事父母者。从老省，从子；子承老也。"本义为孝顺父母。孝，是善于侍奉父母的人。由老省，由子会意，表示子女承奉父母。孝还指居丧的事，如"崔九作孝，风吹即倒"。孝也指丧服，如戴孝。

孝是儒家基本伦理规范之一，认为是人伦之本，道德之源，是人性的光辉，也是中华民族的传统美德。在孔子的心目中，孝是子的义务，教是老的责任，是天经地义的事。"夫孝，德之本也，教之所由生也。"（《孝经》）《论语·学而》中有子说："君子务本，本立而道生。孝弟也者，其为仁之本与！"有子认为，孝敬父母，尊重兄长，是仁的根本。一个人只有从孝悌开始，然后才能实现"在家做孝子，在外主忠信，在朝做忠臣"的价值延伸。"百善孝为先"，孝为德之本。《孝经》："夫孝，天之经也，地之义也，民之行也。"

悌，形声字。《说文解字》："悌，善兄弟也。从心，弟声。"

篆文𗐕，意为心中有弟：如同兄弟间彼此诚心相友爱之意。又有"次第"意，即有顺的意味，弟对兄当恭顺，而兄对弟亦当爱护。

"悌"的本义是敬爱兄长，亦泛指敬重长上，后引申为"和易"之义，如"恺悌"，指和乐平易；"悌睦"，指和睦。"悌"又同"体"，表亲近的意思，如"悌己人"，指亲信；

"悌友"，指兄弟姊妹间亲密和睦。

在中华传统文化中，"悌"总是紧跟在"孝"后边。"孝悌"是连在一起的。《论语·学而》："弟子入则孝，出则悌，谨而信，泛爱众，而亲仁。"意思是说：弟子们在家孝顺父母，出外顺从兄长，言语谨慎，为人诚信，博爱众人，这样就接近了仁。孝，是父母之爱；悌，是兄弟之情。由兄弟之情，进而推之，所谓"四海之内皆兄弟也"，就是博爱众人。由孝到悌，再到博爱众人，这就是仁的路径。儒家把悌作为处理家庭人际关系的一个重要规范。儒家重视人情、亲情，兄弟血脉相连，有缘相聚，因此要兄友弟恭，重视手足之情。"孝"是处理父母与子女关系要遵循的基本准则，"悌"字揭示了处理兄弟姐妹关系的基本准则。

"孝悌"是一种天道人性

"孝"字是子承父老。子和父是联系在一起的。俗语说：父养儿子，儿子又养子。父母年轻之时养子女，父母年老之时子女养。这是天道人道的循环，也可以说是一种感恩之心的回报，是对父母爱的回报。

古人云："羊有跪乳之恩，鸦有反哺之义。"

《公羊传·庄公二十四年》注曰："羔取其执之不鸣，杀之不号，乳必跪而受之，类死义知礼者也。"意谓羊被宰杀时不鸣不号，似乎很有献身精神；羊羔吃奶的时候，跪在母羊身边，似是个有孝心的后辈，颇懂得感恩。杜甫有诗大赞羊羔"有礼太古前"，因为它就像极了一个死义知礼的君子。其实，羊羔跪乳是由羊体内的遗传物质控制的先天性行为，但是它被用来与人类作类比，成为一种象征。

据记载，"反哺"是乌鸦的习性。乌鸦辛勤地将雏鸟养大。当乌鸦年老，不能捕食时，老乌鸦的子女会外出衔食，给父母喂食，直至老乌鸦自然死亡。南朝梁代诗人刘孝威有一首古诗，专讲乌鸦反哺的故事："城上乌，一年生九雏。枝轻巢本狭，风多叶早枯。毻毛不自暖，张翼强相呼。"

《本草纲目》中这样描述乌鸦："此鸟初生，母哺六十日，长则反哺六十日，可谓慈孝矣。"古人把乌鸦反哺的行为比作子女孝敬父母，称乌鸦为"孝鸟"。

动物尚且能如此，何况人呢？因此，孝是发自人的本性。

"孝悌"为仁爱之源，达道之本

《论语·学而》："有子曰：其为人也孝弟，而好犯上者，鲜矣；不好犯上，而好作乱者，未之有也。"而孔子认为至亲者、位尊者、有德者，自然居先。父母亲而又尊，更要先之又先，必须孝敬。兄长同胞，又先我生，必尽悌道。此是天经地义丝毫不许懈怠。然后推及一切皆加礼敬。凡侵犯侮慢等事，概不能做。敬父母兄长名曰"孝弟"。礼敬一切名曰行"仁"。这是修身至平天下一贯的路线，从始至终，有先有后。人知礼敬，才行孝悌，人皆有父母，彼此一礼，自然礼敬一切，普遍行仁。既行孝悌，是知礼敬之理，那侵犯长上的事，是无礼不敬的行为，孝悌的人，深以为耻，就少有这样的事了。但凡不守家庭规矩，破坏社会秩序，违犯国家法律，都非礼敬行仁，是名作乱。

有子又说："君子务本，本立而道生；孝弟也者，其为仁之本与！"这里提出"务本"，就是事宜追求根本，只要立住根本，大道自会发生，要来说它，还得绕个弯子，须先说出孝悌的根本，更要说明孝悌是仁的根本。要知行仁，便是修道的路程，道已在近前，既明且达，事就一贯成功了。有子认为孝悌是行仁达道之本。

孝的基本要求是子女对父母生活的照料。孝的上部是一位老人，指长辈，下面有"子"，"老"和"子"上下紧密相连融为一体，子孝父母，敬老尊长。

"孝"字老为上，子为下，体现子孙为老人所生、所养、所教；子孙要以老人为上、为先、为本。尊敬老人，赡养老人，解老人之忧，承老人之志。日常生活要悉心照料，精神生活要关怀体贴。《礼记·祭义》中曾子说："孝有三，大孝尊亲，其次弗辱，其下能养。"《孝经》对孝提出了具体的要求："居则致其敬，养则致其乐，病则致其忧，丧则致其哀，祭则致其严。""羊有跪乳之恩，鸦有反哺之义"，历史上有"二十四孝"的典故，如仲由负米、老莱斑衣、郯子鹿乳、黄香温席等，而"李密拒官养老"的故事，更令人感动。

西晋时，晋武帝诏李密赴任，李密以祖母年迈请求辞官终养祖母，写下了流传千古的《陈情表》："臣无祖母，无以至今日；祖母无臣，无以终余年。母孙二人，更相为命……"文章叙述了祖母抚育自己的大恩，以及自己应该报养祖母的大义，情真意切，感人至深。在当代，我们也看到无数这样的孝子，特别是照顾年老多病的父母，俗话说，"久病床前无孝子"，有人照顾生病的父母十几年如一日，非常难得，其中的辛劳不必言说。除了关心父母的衣食住行，还要给父母送来精神愉悦，这就是"精神赡养"。其实，随着物质生活水平的提高，老人不缺吃穿，缺的是心理的慰藉，特别是"空巢"老人。孤独、无聊，常常是困扰父辈的问题。工作繁忙之余，陪父母吃一餐饭，聊一会天，听老人倾诉，就是实行一种孝道。"二十四孝"中，"老莱七十，戏彩娱亲，作婴儿状，烂漫天真。"善解亲意的老莱子体恤父母的心情，装出活泼可爱的样子来逗双亲高兴，可谓用心良苦。

"孝悌"是发自内心的敬爱

孔子在《论语》中有许多地方讲孝。"子游问孝。子曰：今之孝者，是谓能养。至于犬马，皆能有养；不敬，何以别乎？"

意思是，孔子的弟子请教孔子什么是孝。孔子说："现在的所谓孝，是指能够侍奉父母。就连犬马，也都能做到。如果少了尊敬，又怎么能区别两者呢？"孔子在这里讲孝的核心是要有尊敬心。孔子的弟子子夏也问什么是孝。子曰："色难。有事，弟子服其劳；有酒食，先生馔，曾是以为孝乎？"孔子认为子女保持和悦的脸色是最难的。孝顺出于子女爱父母之心，这种爱心表现为和悦的神情与脸色。要做到这一点比为父母做事与请父母吃饭要困难得多。当下许多人，能让父母温饱，但面对父母的唠叨以及生活的拖累，有时会表现出不耐烦，不高兴，没有好脸色。许多老人到了晚年，难免有病痛，有的还患了老年痴呆症，宽容、和悦、耐心尤其重要。

孝是对父母委婉劝说，规劝长辈。孝字的"子"在下，也像伸出手托举着老人，这说明成年子女是家里的顶梁柱，承担着养家的责任；也说明子女要对长辈的行为负责，如果长辈有做得不对的地方，要时时规劝，这也是一种尽孝。孔子说："事父母几谏，见志不从，又敬不违，劳而不怨。"这就是说侍奉父母，如果父母犯了错误，要委婉地劝说他们。如果父母心里不愿听从，还是要对他们恭恭敬敬，并不违抗，替他们操劳而不怨恨。

《后汉书》里有篇《乐羊子妻传》，其中的故事意味深长：乐羊子外出求学，七年不归。家里的日子很艰难，好多天吃不到荤菜了。一天，婆婆嘴馋，就把邻家的鸡偷来宰杀了。乐羊子的妻子对婆婆这种行为很不满意，但她没有正面批评婆婆。当婆婆把鸡肉端上来的时候，她伤心地哭了。婆婆很奇怪，问她为什么哭，她答道："我很伤心，因为家里贫穷，没侍奉好婆婆，使得饭桌上有了别人家的肉。"婆婆听了，十分惭愧，再也举不起筷子吃那鸡肉了。

由此看来，规劝长辈也讲究方式和方法，不宜正面冲突，和长辈吵架，这很可能是不孝之举；要用智慧和技巧，使长辈的错误得到及时改正，同时家庭又保持和睦，这才是考验子女"孝"的重要时刻。

"孝悌"是移孝为忠，是完志报国

孝的字形，老在上，子在下。这个老人，可以是自己的父母，推而广之，是全天下的老人；这个子女，可以是自己的子女，推而广之，是全天下的青年人。由己及人，由小及大，由家及国，由孝父母，而孝天下，得以报效国家。

孔子的思想是按照孝—仁—义—礼的理论构造去建立的。即从孝开始，推己及人，产生仁爱，而仁爱必须合适，这就是义，义的合理性又通过礼的外在形式表达出来。有了孝、仁、义、礼，则社会和谐，天下太平。

《孝经》说："夫孝，德之本也，教之所由生也……身体发肤，受之父母，不敢毁伤，孝之始也。立身行道，扬名于后世，以显父母，孝之终也。"这里把自爱作为孝之始，把建功立业作为孝之终，这就是说子女要"立身"成就一番事业，子女事业上有了成就，父母就会感到自豪，这就是大孝。《礼记·中庸》说："夫孝者，善继人之志，善述人之事者也。"即努力尽自己所能，完成父母的心愿。天下的父母都"望子成龙，望女成凤"，子女为家、为国争光，让父母有面子，感到光荣和自豪，这就是最大的孝。只要子女能成才，父母吃多少苦心里也是甜的。《孝经》把孝和忠联系在一起，孝是小忠，忠则是大孝。尽忠尽孝是历代仁人志士的追求，有时在忠孝不能两全的情况下，也只能舍孝取忠，因为孝是对小家而言，忠则是对国家、民族的孝。忠孝往往是连在一起说的，大孝为忠。

在传统观念中，"忠君"和"爱国"基本上就是一回事。为君王服务需要忠心是源自于孝心的。我们知道，花木兰代父成边，这是一种孝的表现；同时，征战疆场，屡建功勋，又是爱国的表现。人们常常把祖国比作自己的母亲，也常常为自己是祖国的儿女感到骄傲和自豪。

岳飞十五六岁时，北方的金人南侵，宋朝当权者腐败无能，节节败退，国家处在生死存亡的关头。岳飞投军抗辽。不久因父丧，退伍还乡守孝。

1126年，金兵大举入侵中原，岳飞再次投军。临行前，他的母亲姚太夫人把岳飞叫到跟前，说："现在国难当头，你有什么打算？"

"到前线杀敌，精忠报国！"

姚太夫人听了儿子的回答，十分满意，"精忠报国"正是母亲对儿子的希望。她决定把四个字刺在儿子的背上，让他永远铭记在心。

岳飞解开上衣，露出瘦瘦的背脊，请母亲下针。

姚太夫人问："孩子，针刺是很痛的，你怕吗？"

岳飞说："母亲，小小钢针算不了什么，如果连针都怕，怎么去前线打仗！"

姚太夫人先在岳飞背上写了字，然后用绣花针刺了起来。刺完之后，姚太夫人又涂上了醋墨。从此，"尽忠报国"四个字就永不褪色地留在了岳飞的后背上。母亲的鼓舞激励着岳飞。岳飞投军后，很快因作战勇敢升秉义郎，后来成为著名的抗金将领，为历代人民所敬仰。

岳飞首先是一位孝子，为父守孝，听从母亲的话，尊敬母亲，然后，他顺理成章也就是一位忠臣了，忠心于朝廷，热爱国家，在朝廷危难之际，奔赴前线作战，他所组织的"岳家军"英勇无比，忠心不贰，当时流行语"撼山易，撼岳家军难！"岳飞和母亲的举动，恰如其分地反映了中华民族的忠孝观念，体现了《孝经》所说"夫孝，始于事亲，中于事君，终于立身"，在中国历史上留下了重重的笔墨。

孝是老护子女。"孝"字把子承父老与老护子女连成一体，"孝"是两个方面的，既要求子女对父母孝敬，也要求父母爱护子女。通常是父慈子孝。一般来说，父母对子女都有一种天然的爱。可怜天下父母心，父母为子女的付出是不讲价钱的，子女生病时，甚至愿以身相代。但也有虐待子女的现象，这种人可以说是禽兽不如，从"孝"字的要求看，是一种不孝的行为。

三皇五帝的虞朝帝王舜，本是个普通平民，父亲瞽叟是个盲人，且品性固执，不懂礼仪，舜母早逝，瞽叟再娶，后母常作恶言，并唆使舜父欲杀舜。后母生子名象，为人傲慢，亦对舜仇视。但是舜仍然对父母很孝顺，对弟弟很友爱，设法避免祸害，但却毫不怨恨，并承担全家的活计，常在历山耕种。有一次，瞽叟叫舜去清洁粮仓那高高的上盖，然后暗中纵火，要烧死他。幸得娥皇、女英预先给舜准备了竹笠，一手一个张开如鸟的翅膀，乘风飘下而不死。瞽叟又与象设计让舜修井，然后推下沙泥土块活埋他，得手之后三个人瓜分舜的财产，象要琴和舜的两个妻子，而牛羊、衣物、粮仓归瞽叟及后母。幸舜在两个妻子安排下，预先在井旁凿开一洞，下井后即藏身而得不死。他出来的时候，象正占据舜的房子抚弄那架名贵的琴，见到舜而终于感到惭愧不已。舜心中明知瞽叟、后母和象合计害他，但仍然和过去一样，孝敬父母，友爱弟弟，并没有一丝埋怨。

孝是上行下效。孝音通效，意为长辈要率先垂范、上行下效。"孝"行的培养首先体现在父母身上，父母对长辈的孝敬，孝行往往会影响到下一代，孝是一种家风、家教，是一种传承。在一个家庭里，出现子女不孝，其实其根源大多在父母身上，只要父母率先垂范，作出榜样，子女有样学样，也大多孝顺。

"原谷谏父"是历史上有名的故事，出自《太平御览》：原谷的爷爷老了，原谷的父母很讨厌他，就想抛弃他。原谷此时十五岁，他劝父亲说："爷爷生儿育女，一辈子勤俭度日，你怎么能因为他老就抛弃他呢？这是忘恩负义啊。"父亲不听他的劝诫，制作了一辆小推车，载着爷爷扔在野外。原谷在后边跟着，就把小推车单独带了回来。父亲问原谷说："你带这个不吉利的东西回来做什么？"原谷说："等将来你们老了，我就不必另外再制作一辆，所以现在先收起来。"

父亲很是惭愧，为自己的行为感到后悔，于是去把爷爷接回来赡养了。

行孝要及时。孔子说："父母之年，不可不知也。一则以喜，一则以惧。"一方面，我们为父母的长寿而高兴，另一方面由于父母年老体衰，能给子女提供孝敬的时间和机会并不多。因此，人生有三件事情不能等，一是孝老不能等，二是锻炼身体不能等，三是教育孩子不能等。人生无常，往往是"树欲静而风不止，子欲养而亲不待"，千万不要给自己留下遗憾。

孝音通笑，一个行孝道的家庭，父母孝敬爷爷奶奶，必然上行下效，孙辈也会孝敬父母，必然充满欢笑。

悌是由衷的敬上。悌，从心，弟声。"心"为内心、心理，从心，即由心而发；"弟"为弟弟，古同"第"，又有"次第"的意思，即弟弟对哥哥要尊敬顺从。所以，"悌"意指弟弟的心，即心中以己为弟，故知兄弟之礼并遵从之。中国伦理中强调长幼有序、尊长敬上，这在儒家思想中论述得最为翔实。《孟子·滕文公上》中将"父子有亲，君臣有义，夫妇有别，长幼有序，朋友有信"归结为"五伦"，被看成是做人处事的基本准则，其中"长幼有序"就是晚辈要服从、尊重长辈的意见。《礼记·礼运》中也有"父慈、子孝、兄良、弟弟、夫义、妇听、长惠、幼顺、君仁、臣忠"的"十义"，是古代圣哲所界定的道德原则。如果说"孝"，是两辈人之间理想的相处模式，那么"悌"，就是同辈人之间理想的相处模式。古人倡导尊长敬上、礼让兄长，除了耳熟能详的孔融让梨故事，类似的还有很多。

南北朝时候，有一个人叫刘琎，表字子敬，是刘瓛的弟弟。有一次，他的哥哥刘瓛半夜里在隔壁房间里叫着他的名字，但是刘琎并不去答应他。等到下了床，穿好衣服立正到哥哥床前后，他才应答。刘瓛对弟弟答应得迟感到奇怪。刘琎从从容容说道，之前是因为身上的带子还没有束好，恐防礼貌不周得罪兄长，所以不敢随随便便答应。刘琎便是如此敬重哥哥的，后来成为一代有名的臣子。这就是《二十四悌》中有名的"刘琎束带"的故事。

具体到实际生活中，应如何做到"敬长尊上，礼让兄长"？清代康熙时山西绛州人李毓秀所作《弟子规》的《出则悌》篇，梳理了一些具体标准。"兄道友，弟道恭。兄弟睦，孝在中。"意思是说，做哥哥的要爱护弟弟，做弟弟的要尊重哥哥；兄弟之间和睦相处，其中包含了孝道。日常相处中，不计较财物则"怨何生"，言语多忍让则"忿自泯"；无论是就餐还是行走，"长者先，幼者后"；长辈召唤他人时，"即代叫。人不在，己即到"；称谓尊长时"勿呼名"，对待尊长时"勿见能"；路遇尊长时"疾趋揖"，长辈没有吩咐时"退恭立"；长辈若骑马坐车，应"下马""下车""过犹待，百步余"；长辈站立时"幼勿坐"，长者就座时"命乃坐"；尊长前"声要低"，但若声音过低也"非宜"；去见长辈，接近时"必趋"，告退时"必迟"；长辈问话时应"起对""视勿移"；无论何时何地，"事诸父，如事父。事诸兄，如事兄。"《弟子规》距今三百多年，虽然其中的有些做法不一定适合现代社会，但其展现的思想仍具有一定的启发意义和借鉴价值。

悌是相互的爱惜。悌，心在弟旁，既可理解为"弟弟的心"，即视己为弟，心中有兄，也可理解为"心中有弟"。辩证说来，"悌"，即弟者心中有兄，兄者心中有弟，"悌"所提倡的，就是兄友弟恭，互敬互爱，兄弟姐妹之间和睦相处，就是年轻的应该对年长的有敬爱之心、孝顺之心，而年长的要对年轻的有慈爱之心、关怀之情。伯夷、叔齐就是最广为流传的兄友弟恭的典范。

商朝末年，孤竹国的国君偏爱第三个儿子叔齐，希望将君主之位传于叔齐。但当他去世后，叔齐却不慕权势，依照嫡长子继承制的原则，希望尊长兄伯夷为新任君主。可伯夷也不肯继位国君，他认为应当顺从父亲遗愿，由三弟叔齐继位。由于彼此谦让，两兄弟先后避走他乡，宁流落异国也不愿与自己的亲兄弟争抢国君之位。

相比后世里太多手足相残、你死我活的兄弟阋墙之事，"悌"弥足珍贵。三国时期，因曹丕对曹植的刁难、迫害，而有大家熟知的《七步诗》："煮豆燃豆萁，豆在釜中泣。本是同根生，相煎何太急！"在伯夷、叔齐的心中，"悌"不是桎梏人的礼教，不是虚以示人的伪装，而是源于惜惜之情的一份对彼此的爱护。

修养名言赏读

诗书立业，孝悌做人。

——清·王永彬

　　读书人将读书看作自己立身处世的根本，做人必须以孝顺友爱作为基础。读书，一可授人以学识，二可培养高尚情操。只有从学习中培养情操，才能以我所学，为我所用。读书人必须以诗书作为安身立命的根本，为人要从孝悌上立下基础。安身立命之本在于扬善弃恶，"诗"既无邪，"书"亦无邪，故能成为读书人处世的根本。做人由最基本的孝悌做起，自然能逐渐推广到"老吾老以及人之老，幼吾幼以及人之幼"的大仁境界。

勤敏

吃苦卖力，敏捷于事

　　三国时期，有一位名叫曹植的诗人，他的诗"骨气奇高，词采华茂"，但最广为人知的是他才思的敏捷。曹操的儿子中，曹植是最有才华的，因此曹操曾十分喜爱此子，甚至想"废长立幼"，立曹植为太子。曹丕即位以后，唯恐弟弟与他争位，几次想加害于他，都没有成功。有一次，因为一件小事，曹丕趁机命令曹植在大殿之上走七步，然后以"兄弟"为题即兴吟诗一首，但诗中却不能出现"兄弟"二字，成则罢了，不成便要痛下杀手。曹植明知道哥哥是故意刁难自己，但如今曹丕是皇帝，他也只能唯命是从。想到迫害自己的人是自己的亲兄长，曹植感到异常悲愤。他在踱步之间成诗一首："煮豆燃豆萁，豆在釜中泣。本是同根生，相煎何太急！"皇帝曹丕听了这首诗，感到很羞愧，没下得了手，只是把曹植贬为安乡侯。"七步成诗"的成语便由此而来，比喻一个人才思敏捷。

勤，形声兼会意字。

金文为𦵡，篆文为𦆶，异体为"懃"。"堇"指堇菜，味苦，寓意吃苦。"力"为出力。"堇""力"为勤，意思是吃苦卖力，辛苦干活。

《说文·力部》中解释："勤，劳也。从力，堇声。"本义为劳苦，后引申为努力不懈怠。含"勤"的成语有："将勤补拙"，以勤奋弥补笨拙；"克勤克俭"，既能勤劳，又能节俭；"勤学苦练"，认真学习，刻苦训练；"业精于勤"，学业精深是由勤奋得来的；"勤勤恳恳"，形容对人对事诚恳、热情。

敏，形声字。

甲骨文为𣀈。𣉭即每，女子生育；𠃌为又，用手触摸，表示孕妇对触摸反应强烈。

篆文为𣀉。将"又"写成"攴"，"攴"表示打击，强调外力对妇女的刺激。

《说文·攴部》："敏，疾也。从攴，每声。""敏"的本义为做事动作快。如"闻识疏达，敏捷于事"。"敏"引申为勤勉努力，反应灵敏。如"敏而好学，不耻下问""敏捷诗千首，飘零酒一杯"。跟"敏"有关的成语和词语很多：用"敏感"，指感觉敏锐，对外界事物反应很快；用"机敏"，指机警敏锐，对情况的变化觉察得快；用"身手敏捷"，形容动作迅速而灵敏；用"燃萁之敏"，比喻文思敏捷；用"讷言敏行"，指说话谨慎，办事敏捷；用"心闲手敏"，形容技艺熟练了，心里闲静，手法灵敏；用"敏而好学"，指聪敏勤勉而好学；用"逊志时敏"，指谦虚好学，时刻策励自己。

古往今来，名家大师对勤勉都非常欣赏，给予充分的肯定。有人认为勤奋是达到成功的必由之路，韩愈说："书山有路勤为径，学海无涯苦作舟。"爱迪生说："天才是百分之一的灵感加上百分之九十九的汗水。"有人认为勤劳是幸福的源泉。达·芬奇说："勤劳一日，可得一夜安眠；勤劳一生，可得幸福长眠。"还有人认为勤劳是致富之道，印度学者雷伊说："勤劳是财富的右手，节俭是她的左手。"天道酬勤，勤能补拙，业精于勤，都是对"勤"意义的概括。

孔子曰："君子欲讷于言而敏于行"，"敏于事而慎于言"。岁月流逝，春花秋月，四季更替，就连繁花都懂得在风雨的洗礼中节节而盛，人生也应该是个不断进行自我修养的过程。何谓"讷言"？会说话的人一句话逗笑人；不会说话的人，一句话惹恼人。老子说，"知者不言，言者不知"，这里的"知"并非知道，而是智慧，就是说聪明的人不乱说，乱说的人不聪明。何谓"敏行"？无论是人生的修行还是一般的社会活动，做任何事情都应该脚踏实地，不能只说动听漂亮的话而没有实际行动。做事要积极敏捷、果敢决断、雷厉风行，不要拖泥带水。忍辱不辩的人往往都是在埋头做事，善良而有能力的人不需要去与别人辩论什么，不会只用言论去证明自己是否正确。讷于言而敏于行，方乃正人君子之修养。

"勤敏"是事业成功的路径

"勤"字从力，一个人要成就大事业，就要舍得付出体力、心力。勤之力，首先是体力。勤，就是辛苦，要付出劳动和汗水。杰出的科学家居里夫人说得好："走向成功的人生，从无捷径可言，不管你多么聪明都少不得一个勤字，勤奋是点燃智慧的火把，是实现梦想的基石，唯有勤劳不辍，才能直达理想的顶峰。"任何人的成功都是勤奋的汗水堆积的结果。

韩国球员从小到大，无论是在私人足球学校还是在大学生足球俱乐部，都会面临激烈的竞争。著名球星黄善洪八岁开始踢球，由于家境贫寒，外出比赛时拿不出午饭钱。于是每次比赛前，他就喝凉水充饥。喝了一肚子凉水的黄善洪在场上没跑多久，就因体力不支经常摔倒。但每一次，黄善洪都一定坚持到最后，即便是昏倒也要重新上场。成为明星后，在回忆当初年轻时的辛酸时，黄善洪坦言，如果当初没有自己的勤奋，肯定不会有今天。

勤之力，其次是心力。勸是勤的异体字，是以心作为基础的。心力是指对事业的追求和热爱，热爱一种事业，爱好一种工作，会乐此不疲，虽苦犹乐。法国著名作家巴尔扎克在他二十年的创作生涯中，经常每天工作十二至十八小时，而当灵感来临、文思泉涌之际，竟一连数日废寝忘食，夜以继日地写作，终于完成了世界文学巨著《人间喜剧》，给世人留下了丰富的文学遗产。忠诚、热情、敬业是产生勤奋的发动机。爱一项事业，也就心甘情愿为之付出，就有源源不断的动力、激情和干劲。

西晋人魏舒从小迟钝质朴，四十岁才以孝廉的名义被征召。从此以后，魏舒克服年龄大、记忆力差的局限，以每百日攻读一部经书的速度，刻苦自学。下班后，别人邀他玩牌，他摇头；请他吃饭，他没空。一个人在油灯下孜孜不倦，不完成既定的学习目标不睡觉。他的学问进步神速，后来被后将军钟毓聘用。钟毓喜欢一种射箭游戏，一天，比赛人数不足，钟毓就让魏舒凑个

数，不料魏舒"仪范闲雅，发无不中"。钟毓这才知道魏舒真人不露相："我没有充分发挥你的才能啊，就像这次射箭一样，其实何止这一件事？"后来，做事就就业业的魏舒官至三公，晋文帝称赞他是"人之领袖也"。俗话说，"勤能补拙"，不怕自己笨，就怕不努力。只要自己用心去工作，就能达到成功的目标。

"勤敏"是心智的灵敏

《说文·攴部》："敏，疾也。"敏指的是动作快捷，反应迅速、机灵敏锐。人生在世，要学会灵活变通，在变通中求发展，才能使自己前进。人生的每一步需要稳扎稳打，但人生的道路不是像宽广笔直的大路那样可以望到尽头，而往往是弯弯曲曲的泥泞小路，无法预测下一步路的情况，所以，无论何时，都应该做到遇事不乱、沉着冷静、随机应变、机智灵敏，这样才能一步步走向人生的未来。

东周春秋时期，齐相国晏婴，奉命出使楚国。楚灵王听说后，对左右说："晏平仲身高不足五尺，但是却以贤名闻于诸侯。寡人以为楚强齐弱，应该好好羞辱齐国一番，以扬楚国之威，如何？"太宰一旁言道："晏平仲善于应对问答，一件事不足以使其受辱，必须如此这般方可。"楚王大悦，依计而行。晏婴乘车来到了楚国都城东门，见城门未开，便命人唤。守门人按照太宰的吩咐，指着旁边的小门说："相国还是从这狗洞中进出吧！这洞口宽敞有余，足够您出入，又何必费事打开城门从门而入呢？"晏婴听罢，笑了一笑，道："这是狗进出的门，出使狗国的人从狗门出入，出使人国的人从人门出入，我是来到了人国呢，还是狗国呢？我想楚国不会是一个狗国吧！"守门之人将晏婴的话传给了楚灵王，楚王只好吩咐打开城门，让晏婴堂堂正正地进入了楚都。

遇事机敏反映了一个人的智慧，也常常能使人反败为胜、转危为安。"晏子使楚"的故事就体现出了晏子的机智灵敏，他面对羞辱，不是大发雷霆，而是急中生智，巧妙地化解了自己的"险"境，更是挽回了本国的尊严。在平时的生活中，才思敏捷也体现出一个人的非凡素养。

谢道韫是东晋女诗人，聪慧有才辩，被后人称为绝代才女、奇女。她是东晋后期打败符坚百万大军的一代名将谢安的侄女，安西将军谢奕的女儿，大书法家王羲之的二儿媳，王凝之的妻子。她的才情备受伯父谢安的欣赏。有一年冬天，天空中雪花纷纷扬扬，谢家子弟正围坐在火炉旁谈诗论文。雪越下越大，谢安笑了笑问在座的侄儿侄女们："白雪纷纷何所似（大雪纷纷而下像什么样子）？"谢朗答道："撒盐空中差可拟（像是空中撒下的一把白花花的盐）。"谢朗是谢安的二哥谢据的儿子，谢安听了侄儿的回答后，未置可否，只是默不作声。谢道韫随即答道："未若柳絮因风起（满天飞舞的雪花就像春天随风起舞的柳絮）。"听了谢道韫的回答，谢安一面鼓掌，一面对谢道韫的文学才华赞赏不已。此后，人们称有文学才能的女子为"咏絮之才"，这段事迹亦为《三字经》"蔡文姬，能辨琴。谢道韫，能咏吟"所提及。

当然，心智灵敏并不是说一个人要玩弄权术，处处用心计，而是能灵活应变突发情况，也不是要在人前卖弄自己的学问，而是要提高自己的修养，能够让自己才思更为敏捷。

"勤敏"是探索的强烈欲望

敏，从攴，每声。"攴"是敲击、鞭策和督导。"每"的本义为草木旺盛。敏来自于勤。因此敏也象征一种外力，只有不断地督促自己对学识与真理的探求，人生才能充满旺盛的生命力，创造出各种成绩。

孔子曾说"我非生而知之者，好古，敏以求之者也"，意思即是"我不是生来就懂得知识，只不过是爱好古代文化，勤奋敏捷地去探求它罢了"。他对中国古代文化勤勉探求，在50岁的时候还拜师学琴，勤勉好学是他成为万世师表的重要品格。鲁迅先生曾说："伟大的成绩和辛勤劳动是成正比例的，有一分劳动就有一分收获，日积月累，从少到多，奇迹就有可能创造出来。"

王羲之自幼酷爱书法，几十年来锲而不舍地刻苦练习，终于使他的书法艺术达到了超群绝伦的高峰，被人们誉为"书圣"。十三岁那年，他偶然发现父亲藏有一本《说笔》的书法书，但父亲担心他年幼不能保密家传，答应待他长大之后再传授。没料到，王羲之竟跪下请求父亲允许他现在阅读，他父亲很受感动，终于答应了他的要求。他练习书法很刻苦，甚至连吃饭、走路都不放过，真是到了无时无刻不在练习的地步。他每天坚持练字，练完后就在家边的一口池塘里洗笔，这样日复一日，竟将整口池塘的水染成了黑色，像墨一般。于是人们把这口池塘叫作"墨池"，也叫"洗砚池"或"洗笔池"。

一个人心思灵敏可能会有天赋的成分，行事审慎也需要经验的积累，但勤勉好学却是我们每一个人都可以做到的，也是每个人走向成功的重要因素。勤勉是百折不挠的韧劲，是持之以恒的执着。

所谓"勤能补拙是良训，一分辛苦一分才"，一个人的自我提高需要天赋，但更离不开勤勉的追求，离不开"敏以求之"的好学精神。

"勤敏"是行事的审慎

古汉语"敏"字又可训"审"，指审慎。《左传·僖公三十三年》："礼成而加之以敏。"杜预注："敏，审当于事。"审慎就是谨慎、慎重，谨慎是一种生活态度，是做人的优秀品质，谨慎不光是对事情做整体的考虑，更是注重到细节方面，小心评估利弊得失，并且反复思考自己的行为可能会造成的结果。谨慎行事的人做事情是三思而后行，是从多个角度权衡，是经过深思熟虑的，所以事情的处理也往往令人满意。敏是行动的敏捷。但敏只有与慎结合，才不会鲁莽、过急，才是完美的。

西汉时期，大将军霍去病的同父异母兄弟霍光被任命为光禄大夫，每当皇帝出行，霍光总跟随左右。他出入皇宫总是处处小心，事事谨慎，从不出任何差错。汉武帝十分宠信他，封他为大司马。汉武帝死后，他与御史大夫桑弘羊辅佐汉昭帝刘弗陵执政。

遇到突发情况，要有灵活应变的能力，但在具体做事上却不能操之过急、马虎大意，更应该小心谨慎、仔细认真，否则，事情会因为一点小小的差错而功亏一篑。

1485年的波斯沃斯战役将决定谁是英国的统治者。战斗进行的当天早上，英国国王理查三世派了一个马夫备了自己最喜欢的战马。马夫对铁匠说："快点给它钉掌，国王希望骑着它打头阵。"铁匠回答："你得等等，我前几天给国王全军的马都钉了掌，现在我得找点铁片来。""我等不及了。"马夫不耐烦地叫道，"敌人正在推进，我们必须在战场上迎击敌兵，有什么你就用什么吧。"铁匠埋头干活，从一根铁条上弄下四个马掌，把它们砸平、整形，固定在马蹄上，然后开始钉钉子。钉了三个掌后，他发现没有钉子来钉第四个掌了，说道："我需要点时间砸出两个钉子。"马夫急切地说："我听见军号了，你能不能凑合凑合？"铁匠回答："我能把马掌钉上，但是不能像其他几个牢实。""能不能挂住？"马夫问。"应该能，但我没把握。"铁匠回答。"好吧，就这样，"马夫叫道，"快点，要不然国王会怪罪到咱俩头上的。"两军交锋，理查国王冲锋陷阵，但他远远地看见战场另一头的几个自己的士兵退却了。如果别人看见他们这样，也会后退的，所以理查策马扬鞭冲向那个缺口，召唤士兵掉头战斗。但他还没骑到一半，一只马掌掉了，战马跌翻在地，理查没有抓住缰绳，惊恐的战马跳起来逃走了。理查环顾四周，他的士兵们纷纷转身撤退，亨利的军队包围了上来，他喊道："一匹马，我的国家倾覆就因为这一匹马。"不一会，亨利的士兵俘获了理查，战斗结束了。这就是英国国王理查三世逊位的故事。

从那时起，人们就说："少了一个铁钉，丢了一只马掌；少了一只马掌，丢了一匹战马；少了一匹战马，败了一场战役；败了一场战役，失了一个国家。"所有的损失都是因为少了一个马钉掌而起。这个故事足以说明若是做事鲁莽，急于求成，往往就可能会导致失败，只有做事情时谨慎仔细，才能获得成功。

只有心思机敏才能随机应变，只有行事审慎才能稳中得胜，只有勤勉探求才能不断前进，每一个成功的人在追求理想的过程中都是勤奋努力的，是认真刻苦的，是坚持不懈的。

在现实生活中，常见办事拖拉的人，本应当即做的事情一拖再拖，没有到最后的一刻不能完成。这种人其实是懒惰的人，是不"敏"的人。"敏"秉承的工作理念是"立即做"。许多事情正是由于"明天再说"，而一拖再拖，甚至不了了之。有人打算学习一种技艺，但停留在设想上，几十年过去了，还不见动静，自然一切都是空谈。俗话说："心动不如行动。""立即做"，才不会留下遗憾，"立即做"，才能成就一番事业。

慜是敏的书面语，从字形上更直观地表达出无论是勤勉、审慎还是机敏，"心"都是不可或缺的。敏与心组合成慜，即用心思考才能反应灵敏，用心做事才会谨慎小心，用心追求才能实现人生价值。"敏"字加"糸"为繁，机敏的人不怕事情的繁杂，也能从纷繁复杂的现象里找到机遇。

聪与敏，可恃而不可恃也。

——清·彭端淑《白鹤堂集》

出自清代文学家彭端淑的《白鹤堂集》，大意是：聪明与灵敏，是可以依靠而又不可依靠的（东西）。天资聪明与灵敏是获取知识的有利条件，孜孜不倦地学习，才能取得成就。但若以此为资本，骄傲自满，自命不凡，有利条件反会转化为不利因素，结果只会是无所成就，自趋失败。后半句为："自恃其聪与敏而不学者，自败者也。"个中道理，足以引起人们的警思。

和〉谐：同声相应，人皆能言　喜〉乐：心善言吉，丝竹之乐

圆〉融：智圆行方，融通无碍　清〉静：水净清澈，朴素丹心

旷〉达：日朗地广，行走大道

心理性格修养

字说修养·第三篇

和谐

同声相应，人皆能言

如何与人和平相处，需要技巧和智慧。古时有个秀才，他读书非常勤奋，有空就爱看书。可周围几个青年人就不同了，常聚在一起玩，还常常闯进秀才家，拉他出去玩，搅得秀才家成天不得安宁。秀才烦透了，又不好公开赶他们走。后来，他终于想了个主意，在自己的屋门两旁，贴上了一副对联：

古月门中市；言青山上山。

那几个青年人看见了这副对联，一琢磨，咱们成了不受欢迎的人，就不好意思再去打搅了。原来，这副对联也是字谜，上联为"胡闹"，下联为"请出"，秀才通过自己的才智，巧妙地拒绝了别人，又不伤他人的面子，可谓"和为贵"的处世典范。

和，形声字。《说文·龠部》："龢，调也。从龠，禾声。读与和同。"指音乐和谐。又《说文·口部》："和，相应也。"本义为声音相应，和谐地跟着唱或伴奏。悦耳的音乐，往往有多种乐器，音调高低缓急，长短刚柔，清浊大小，相互配合，这就叫"和"。

𥝈，金文。𥝌（"禾"的误写）加上𦥑（口，吹），表示吹奏禾管。造字本义为吹奏用禾管编成的"排笛"，发出谐调共振的乐音。

𤲬，篆文。从口，禾声。繁体为"龢"，左边的形，看上去就像一排竹管合并而成的笙和箫之类的乐器，吹奏起来声音和谐，悦耳动听，右边的"禾"为读音。

如今，"和"字引申指和谐、协调、掺和、和顺、平和、和睦、太平等。"和"字经常被人用于赞赏、赞美，如"和蔼可亲"是谓态度谦温和气，容易接近。"和"是一种珍贵的东西，如"和璧隋珠"比喻极为名贵的珍宝。"和"是一种处事方式，如"和风细雨"比喻做事和缓，不粗暴；"和光同尘"是一种处事态度，不露锋芒，与世无争；"和而不同"是君子之风，既保持独立的个性，又和谐共处，取长补短。"和"是处理人际关系的润滑剂，如"和气致祥"指和蔼之气可以招来吉祥；"和衷共济"表示同心协力，克服困难。

谐，形声字。《说文·白部》："皆，俱词也。"比从二人，白是自的省形。即二人共一鼻会意。从褒义说，是呼吸与共；从贬义说，是一鼻孔出气。古人常说："言为心声。"谐字从言从皆，表示语言和谐，心意协调。又《说文·言部》："谐，詥也。"意思是说，谐是融洽、协调、谐和。本义为和谐，如《尚书·舜典》："八音克谐，无相夺伦，神人以和。"《周礼》："以和邦国，以统百官，以谐万民。"由于协和则事成，故有"二人同心，其利断金"之说。又由于和言令人愉悦，引人发笑，又有诙谐的说法。

䚉，篆文。从言，皆声。"言"为语言、言论、思考。"皆"为共同、全部。

中华传统文化把"和谐"作为最高价值、优良品德和追求的目标，提出了和睦夫妻、和合家族、顺和邻里、和谐社会、天人合一等价值观念。孔子在《论语》中说"礼之用，和为贵"。孔子认为礼的功用，以达到和谐最为可贵，为政应宽以济猛，猛以济宽，和以治国。孔子虽然主张"和为贵"，但同时又强调"和而不同"。这就是在和的基础上，又保持各自的个性和独立。传统文化还把"中"与"和"相提并论，《礼记·中庸》说："中也者，天下之大本也；和也者，天下之达道也。致中和，天地位焉，万物育焉。""中和"是儒家文化的重要内容，强调"允执其中"。道家也讲"和"，老子的《道德经》说："有无相生，难易相成，长短相形，高下相倾，音声相和，前后相随。""和"是天地的法则，也是做人的准则。墨家也讲"和"，墨子说："兼相爱，交相利"，"离散不能相和合"。"和合"是一种最高境界。佛家也强调"和"，特别是追求身心的和谐，把出家人称为"和尚"。

今天，我们处在利益矛盾突显、思想多元的时代，如何促进人的身心和谐，人与人之间的和谐，人与自然的和谐成为一个新问题。成功之道，在德不在术，以道不以谋。和气方能生财，圆融才能处事。"和"可以使我们不树敌或少树敌，让人无后顾之忧，能做事，做成事。

和谐不但是一个人的追求，也是一个社会的追求。作为个人只有身心和谐，才能健康快乐；而社会只有人与人之间和谐，人与自然和谐，才能安宁、稳定和发展。马克思说："对和谐之美的追求是人类的本能。"爱因斯坦说："学校的目标始终应当是：青年人在离开学校时，是作为一个和谐的人，而不是作为专家。"冰心说："美的真谛应该是和谐。这种和谐体现在人身上，就造就了人的美；表现在物上，就造就了物的美"。

和谐是一个人身心健康的集中体现，只有一个人身心的和谐，才能延伸到人与人的和谐，人与自然的和谐。"和谐"二字揭示了和谐的本质与和谐之道。

五谷丰登，丰衣足食是"和谐"之基

"和"字由"禾""口"组成。"禾"为麻、黍、稷、麦、豆等五谷的总称；"口"为进食的器官和发声的主要器官。五谷为生存之本，只有五谷丰登，丰衣足食，天下才能和谐。古今中外的历史表明，凡是贫穷落后，粮食歉收，老百姓食不果腹，必然出现掠夺和战争。

民国年间，河北发生大旱，田里颗粒无收，农民四处逃荒。这天，京城几位大官到乡下视察，见乡村毫无生气，忍不住长叹："真是天时不如地利，地利不如人和呀！"一位外出讨饭的农民听到这番话，悲愤地说道："几位大人，'和'字乃禾与口，这便是说人有田种，有饭吃，才是和。可我们现在连讨饭都讨不到，哪里谈得上人和啊！"几位官员面面相觑，无话可说。

和谐是建立在一定的物质基础之上的，只有发展生产力，让老百姓过上富足的生活，才谈得上社会的和谐。要让社会和谐，一定要把发展作为第一要务，先有蛋糕，然后才有分蛋糕的问题，这是和谐的基础和前提。

一个人只有满足了基本的物质生活需求，才有和谐的基础。假如一个人有上餐没有下餐，身心不可能和谐，一定处于焦虑、不安和奔波的状态。

共生共荣是人与自然"和谐"之道

"禾"代表自然界，"口"代表着人。《易经·中孚》："鸣鹤在阴，其子和之：我有好爵，吾与尔靡之。"这是说，一只鹤鸟在树荫下鸣叫，它的好伙伴声声应和：我有好酒，想与你一起享用。在声音上，这是鸟类之间的相互唱和；在画面上，这是一幅生态和谐的美好图景，让人陶醉于大自然的美妙之中。一旦人类漠视自然规律，以"人类中心主义"作为处世准则，掠夺自然，破坏自然，终将遭受自然的惩罚。在发展生产中，不顺应自然，而是去破坏自然，如围海造田，开山造田，结果导致生态的大破坏，沙尘暴越来越严重。在和自然生物的相处中，滥杀滥伐，导致物种的大幅度减少，有些还被灭绝。如果连安全的食品、清洁的水源、清新的空气，都成为一种稀缺的资源，可以说是一种悲哀。人与自然万物只有共生共荣，才能达到和谐的境界。

共赢、圆融、包容是人与人之间"和谐"之法

孟子说："天时不如地利，地利不如人和。""和"字可视为由"千""人""口"组成，千人一口，同声相应，同气相求。"龢"是一种管乐器，"龠"中有三"口"，"三"为众，意为多个出气发声之口，众口齐鸣，莺歌燕舞。"龢"指多人一同吹奏乐器，节奏一致，旋律和谐。谐字从言从皆，皆亦声。"言"与"皆"联合起来表示"大家同时开口说话""大家异口同声""大家一同发声"。全国政协委员、著名作家张贤亮说："所谓和谐，'和'是'禾'字旁一个'口'字，意味着人人都有饭吃；'谐'是'言'字旁一个'皆'字，代表人人都可以说话。这两点是和谐最基本的条件。"人人都能说话，敢说话，畅所欲言，这既是一个社会民主开放的标志，也是文化学术繁荣发展的标志。

为此，和谐延伸到人和事，则是和睦、和顺、祥和。要实现人与人的和谐，首先要有共赢意识，形成利益共同体，由于目标同向、利益共享，自然就和平相处了。相反，假如利益的获得，

是建立在对他人掠夺的基础之上，必然出现争夺、反抗、斗争，矛盾就会越演越烈。所以，只有你好我好，大家才能好。其次是圆融，这就是中道，"同中存异，异中求同""和而不同"。每一件事情，由于每个人的立场、利益、视角不同，看法、意见也有差别，这就需要博采众长，寻求共识、共生之道，这样才能化解矛盾和对抗。最后是宽容。大家熟知的"将相和"的故事说明了这个道理。每一个人都有自己的个性、优点和缺点，用包容、忍让取代针尖对麦芒，就能和谐相处。

平和、均衡是人体"和谐"之策

一个人要延年益寿必须气血调和，阴阳平和。"和"是人体健康的标准。传统医学把健康的人称为"平人"。"平人"是指气血调和的健康人。中医理论认为，阴阳平衡，五脏调和是人体健康的标志。在诊断方法上，以平静的呼吸、平稳的脉象作为判别病症的依据。在治疗上，以调和为主要手段，虚则补之，实则泻之，以使人体获得平衡，恢复健康。

孙思邈在《备急千金要方》养性篇中说："黄帝问于岐伯曰：余闻上古之人，春秋皆度百岁，而动作不衰。今时之人，年至半百而动作皆衰者，时代异耶？将人失之也？岐伯曰：上古之人，其知道者，法则阴阳，和于术数，饮食有节，起居有常，不妄作劳，故能形与神俱，而尽终其天年，度百岁乃去。今时之人则不然，以酒为浆，以妄为常，醉以入房，以欲竭其精，以耗散其真，不知持满，不时御神，务避之有时，恬澹虚无，真气从之，精神内守，病安从来。"孙思邈引用了《黄帝内经》黄帝与岐伯的对话，指出了人强健的原因在于适度的生活方式，饮食有节制，作息有规律，劳逸结合，相反，则会加快衰老。孙思邈还说："衣食寝处皆适，能顺时气者，始尽养生之道。故善摄生者，无犯日月之忌，毋失岁时之和。"人要有健康的身体，必须与天时相和，身心相和。阴阳平衡、五藏相和则百病不生。

"道生一，一生二，二生三，三生万物。万物负阴而抱阳，冲气以为和。" "有无相生，难易相成，长短相形，高下相倾，音声相和，前后相随。"

——老子《道德经》

　　这段话见诸老子的《道德经》。老子认为"和"是天地的法则，也是做人的准则。道家讲"和"，从最高范围的"道"开始，"道"贯通天地人，人与世界上的一切事物都是"道"化生的结果，"道"是天地万物的本原。道家关注的"和"是由宇宙和谐推演而来。以人为主体，主要体现在人与自然界的和谐——"天和"；人与人的和谐——"人和"；人自身的和谐——"心和"；人与社会的和谐——"世和"。和谐其实是一种唯物辩证法。"和"是时空事物之间在一定条件下，具体、动态、相对的统一，"和"是不同事物之间相同相成，相辅相成，相反相成。和谐在结构上要注重均衡、匀称，在时间上要适度、适当，在人际上要和睦、融洽，在身心上要平和、中和。和谐是我们追求更好事物和处事的价值观和方法论，也是保持健康心态的法宝。

喜乐

心善言吉，丝竹之乐

古代曾有人作《四喜诗》云：

久旱逢甘雨，他乡遇故知。

洞房花烛夜，金榜题名时。

相传明成化年间，有个叫王树南的人分别给每句诗前面加上"十年""万里""和尚""教官"八字，众人听了无不捧腹大笑。

后来有人将《四喜诗》改成《四悲诗》：

雨中冰雹败稼，故知是索债人。

花烛取得石女，金榜复试除名。

以上是一则文字游戏，虽是戏谑，但提醒人们要防止乐极生悲。

喜，会意字。"壴"为"鼓"的本字，上面是一面悬在木架上的大鼓，下面是一个底座，"口"表示发声。从这个字形仿佛可以看到人们敲锣打鼓，喜气洋洋，鼓声、欢呼声交织在一起的场面。《说文·喜部》："喜，乐也，从壴从口。凡喜之属皆从喜。"意思是说，喜，表示快乐。

𧯆，甲骨文。𧯆是"壴"，即"鼓"，指代庆典；𐤰是"口"，指欢笑，即表示人们在庆祝活动中欢笑。

𧯆，金文。承续甲骨文字形。

𧯆，篆文。承续金文字形。

"喜"的本义是喜悦、高兴。如赴婚宴叫"喝喜酒"；新婚送亲友的糖果叫"喜糖"；新婚发的帖子叫"喜帖"；妇女怀孕叫"有喜"；久旱逢甘霖，人们称之为"喜雨"。喜，寄托着人们的心愿，如"喜鹊"又叫"报喜鸟"，喜鹊的叫声是给人带来好运的兆头。带"喜"的成语基本上是指快乐、开心的情境。如"欢喜若狂"指喜得像发疯一样；"惊喜交集"表示又吃惊，又高兴；"回嗔作喜"指由生气转为欢喜；"见猎心喜"比喻看见别人在做的事正是自己过去所喜好的，不由得心动，也想试一试；"惊喜欲狂"形容喜出望外，过于兴奋的情状；"喜眉笑眼"形容面带笑容，十分高兴的样子。

乐，象形字。

甲骨文为𐤷，是丝弦加木，即架子、琴枕，字形像木枕上系着丝弦的琴具。

金文为𐤷，加了一个类似"白"字的部件"ϙ"，这是拨弦、调琴的器物。由此可见，乐的本义是指乐器。乐的繁体字为樂，乐字由草书演变而来。

《说文·木部》："乐，五声八音总名。""五声"即宫、商、角、徵、羽五个音阶，"八音"指金、石、土、革、丝、木、匏、竹八类乐器。相传舜作五弦之琴，以歌南风。后周文王、周武王各加一弦，才成了今天的七弦琴。乐的本义为乐器，如"故筝先则钟瑟皆随，筝唱则诸乐皆和。"后引申指音乐，"金石丝竹，乐之器也"；也引申指快乐、安乐、喜好，如"有朋自远方来，不亦乐乎！""乐不思蜀""乐极生悲""先天下之忧而忧，后天下之乐而乐"等。

乐是儒家传习的六艺之一：礼、乐、射、御、书、数。儒家认为乐是教化的工具。"治世之音，安以乐，其政和；乱世之音，怨以怒，其政乖；亡国之音，哀以思，其民困。声音之道，与政通矣。"孔子非常喜欢音乐，《论语》中记载，孔子听到了韶乐，三月不知肉味。儒家主张要乐天知命、乐以忘忧。

喜乐是一种心态、心境，是一种思维方式，也是一种情绪。当今社会，人们的生活节奏加快，生活压力增大，有些人患上了忧郁症，情绪焦虑，心情压抑，长期失眠，学会喜乐至关重要。"喜乐"两字告诉我们快乐之道、快乐之源和快乐之法。

"喜乐"形于色

"喜"的字形，形象地描绘了人们欢呼雀跃的场面。"喜"字分成三部分，上面是一个"士"，相当于人的额头和皱纹；第一个"口"，相当于人的眼睛；中间的"丷"，就好比人的鼻子；而下面的"口"，则相当于人的嘴。"喜"字上面的口小，下面的口大，说明人在喜的时候，一定会发笑，而通常人笑的时候，眼睛会变小，嘴会变大，额头还会出皱纹。所以，"喜"字其实也是人逢喜事时的写照。俗话说："人逢喜事精神爽。"人们有喜事往往会眉飞色舞，有的甚至手舞足蹈，表现出开心的精神面貌。

"喜乐"表于言

"喜"，从吉，从屮，从口。"吉"为吉利、吉祥；"屮"是草木初生，可引申为普遍；"口"是发声器官，可引申为言语。"吉""屮""口"为"喜"，表示人要多说吉利话使人喜悦。"喜"，也可以看成"吉""廿""口"，即吉言说了二十遍，自己开心，也给别人带来快乐。人们高兴的时候，往往话多，而多说吉祥的话，让人家听了舒服。

古今中外有很多人常是因为别人的一句话而改变一生。当然，说好话，说吉利的话，是一种礼貌，一种心态，但并不意味着就可以阿谀奉承。其实说一句话很容易，但重要的是要能给人一句好话，毕竟往往不经意的一句坏话，很可能使你自毁前程，而一句好话则能让人的生命奋起飞扬。

美国著名教育家卡内基，小时候非常调皮，他9岁时，父亲再婚。父亲向继母介绍卡内基时说："希望你注意这个最坏的男孩，他实在令我头痛，说不定明天早晨他还会拿石头砸你，或做出什么坏事呢！"出乎卡内基意料的是，继母微笑着走到他面前，托着他的头，注视着他，告诉丈夫："你错了，他不是最坏的男孩，而是最聪明的男孩。"此话一出，卡内基的眼泪滚滚而流。就因为这一句话，卡内基与继母之间建立了深厚的感情；也因为这一句话，卡内基有了立志向上的动力；更因为这一句话，他日后帮助了成千上万的人，使他们一起迈向成功之路。

"喜乐"源于善

"喜"，从吉，从"善"省"羊"，表示喜源于与人为善。俗话说，"吉人自有天相"，心地善良的人，乐于施舍，自然会得到上天的保佑。因此，有"为善最乐"之说，为人处世要以善为本，人生才会吉祥如意。为什么中国传统文化一再教导人们要对别人好？这是因为我们为别人着想时，那个"善念"就会使我们获益。虽然宽恕、赞美、感恩的对象是他人，但是我们自己先受益。这样看来，爱自己，最好的方法就是去爱别人。

在苏格兰一个穷苦落后的荒郊里，有一个名叫弗莱明的老农夫。有一天，他在田间耕作，突然听到附近沼泽地里传来呼救声，他立即向那儿跑去。他看到一个小男孩惊恐地在泥潭里挣扎，当时烂泥已经没到小孩的胸部。这位老农夫奋不顾身地进入沼泽地，迅速救出了即将溺死的小男孩。第二天上午，老农夫家的茅舍门口突然来了一辆华丽的马车，一位风度翩翩的绅士从马车上走了下来，老农夫很客气地迎上去。绅士跟老农夫说："我是昨天你救的那孩子的父亲，今天我是来感谢你的，我想好好报答你的恩情。"然而，老农夫却说："不，不，我不要你的任何报答。"这时，农夫的孩子恰好从屋子里出来，他叫亚历山大·弗莱明。绅士便对老农夫说："这是你的儿子吗？"老农夫很自豪地回答："是的。"绅士说："那好，请你让我带他走，我会让他和我儿子一样接受同样好的教育，如果他有和你同样的美德，那以后将会成为令人骄傲的人。"就这样，亚历山大·弗莱明在伦敦接受了极好的教育，并从圣玛莉医院医科大学毕业。几年后，他发现了盘尼西林（青霉素）。恰巧的是，当时绅士的儿子得了严重的肺炎，最后竟是盘尼西林拯救了他的命。更让人感慨的是，这个绅士的儿子就是后来大名鼎鼎的英国首相：温斯顿·丘吉尔。

"喜乐"节于情

喜应有度，过喜则悲。喜的古文为"歖"，和"欢"的繁体字"歡"相似，都有"欠"字旁，意为欠缺、不够，这是提醒我们，开心欢喜应该有度，过喜则容易乐极生悲。中医有"内伤七情"的说法，人有喜、怒、忧、思、悲、恐、惊七种情态，虽然保持快乐的心情是健康之道，但也要有所节制。

喜乐，寿之方。乐的第一个读音是yuè，第二个读音是lè，同音字是悦，音乐使人喜悦、快乐、乐观，乐体现了音乐旋律的优美，是乐曲。"窈窕淑女，钟鼓乐之。"音乐是快乐的催化剂，欣赏音乐使人身心愉悦。喜欢填词、作曲、演奏和唱歌的人既快乐自己，又快乐别人。优美动听的音乐总能唤醒人们喜悦快乐的心境，给人带来生活的乐趣，心灵的净化。

养生不可缺乐（yuè）和乐（lè）。"乐"的繁体字"樂"加草字头是"药"的繁体字"藥"，可见音乐是一味良药，因此，有人发明了音乐疗法。中医根据五行相生相克的道理，运用宫、商、角、徵、羽五音，对应人体的五脏，调节人的喜、怒、哀、乐、悲五情，达到了治疗的效果。《乐书》："音乐者，所以动荡血脉，通流精神，而和正心也。"《礼记·乐记》也说："故乐行而伦清，耳目聪明，血气和平。""樂"字下部为"木"字，属"角"音，对应人体的"肝脏"，肝主"血"，藏"魂"。《黄帝内经》中说："魂魄和合，血气元神旺盛，则心生神明。""樂"字，上部左右侧合成一个"丝"字，对应人体的心脏，属"徵"音，是五行中的"火"，丝制的弦乐能拨动人的心弦，通人体的心经，修复人的心脏，疏通精神，人自然而喜，即是欢乐。

乐也是一种乐观、心胸开阔和舒畅。乐观的精神状况不仅是人生态度也是延年益寿的良方。乐则气顺，悲则气郁。人在发怒的时候，呼吸加快，肺泡扩张，血流加快，心跳剧烈，身体处于失控状态，有一些人出现了脑出血和心脏病，这与人的情态有很大的关系。乐观的心境，有助于帮助人们减缓生活的各种压力。"一阴一阳之谓道"，"乐天知命故不忧"。快乐是中国人的生活智慧和性格特征之一。

长寿的秘诀是什么？一直以来人们认为长寿的主要因素是：健康饮食，戒烟少酒，适度运动等。但科学家经过研究，发现决定人的寿命的主要因素是良好的人际关系和乐观，生活有目标。良好的人际关系是应对紧张的缓冲器。有益于心脏的健康。而人缘好的人，心情一般会很好，体内会分泌大量有益的激素、酶类和乙酰胆碱等，这些物质能把身体调节到最佳的状态。中国著名健康教育专家洪昭光认为，心理平衡的作用超过了一切保健措施和保健品的总和，谁能保持心态平衡，就等于掌握了身体健康的金钥匙。长寿最重要的因素是乐观。现代医学发现：癌症、动脉硬化、高血压、消化性溃疡等疾病与心理的压抑感有关，因此，这类疾病被称为心身性疾病。一个性格乐观开朗的人，神经内分泌调节系统会处于最佳状态，让身体机能互相协调、平衡，更有利于健康长寿。为此，人们把喜乐的心态概括为：大笑是营养素，"话疗"是特效药，朋友是"不老丹"，宽容是调节阀，淡泊是免疫剂。

　　子曰："知者乐水，仁者乐山。知者动，仁者静。知者乐，仁者寿。"

——孔子《论语》

　　这是《论语》中孔子说的一段话。智者和仁者有一个共同点，都寄情于山水之间。大自然的美景陶冶了人们的性情，也给智者和仁者带来了快乐。但智者和仁者是有区别的，智者喜好灵动，仁者喜欢安静。孔子主张一个快乐的人，应该是智与仁俱全的人。智者是走向仁者的必经之路，智者懂得"择善而从"，进而达到"仁"的境界。一个快乐的人，能乐水，也能乐山，能动，也能静，能乐，还能寿。

圆融

智圆行方，融通无碍

　　北宋政治家、文学家王安石与他好友王吉甫经常在一起谈论诗文。一天，王安石对王吉甫说："我昨天睡不着，想到一则字谜：'画时圆，写时方，冬时短，夏时长。'你猜是什么字？"王吉甫略一思索，便猜中了，也用谜语的形式回答道："东海有条鱼，无头也无尾，更除脊梁骨，便是你的谜。"王安石听了，哈哈大笑说："你猜对了！"谜底便是"日"字。

　　"圆"，形声字，从口，员声。《说文·口部》："圆，圜全也。"这就是说圆是浑圆无缺。

　　，篆文。造字本义为鼎口流畅的弧圈。

　　圆，首先是指圆形，如"百工为方以矩，为圆以规"。古人认为天圆地方，故说"戴圆履方"。由于圆形线条柔和，圆滑柔顺，故用"八面圆通"形容为人处世圆滑，处处应付周全；用"花好月圆"指花儿正盛开，月亮正圆满；用"智圆行方"表示知识要广博周备，行事要方正不苟；用"珠圆玉润"形容像珍珠那样精圆，像美玉那样细润。佛教中的圆满，指完成修行的目的，达到无缺憾的境地。"圆"字是佛学常用的词，如用"圆相"指真如佛性，圆满具足；用"圆寂"指僧尼去世。佛教支派之一宁玛派主张大圆满的修行方法，主张顿悟一心，自性圆成。道家也主张圆融，太极图就是典型的体现：太极两仪，阴阳和谐，共同存在一个圆体之中。圆融无碍是一个人的修炼方法，也是人生的一种境界，是非常可贵的。

"融"，形声字。《说文·鬲部》："融，炊气上出也。"会冰雪消融，地气蒸腾之意。

𧖜，甲骨文。𧖜（虫）加𠆢（土），字形像很多蛇从地里钻出来。

𧖜，金文。将甲骨文字形中土堆的形象𠆢写成𡈼（土）。造字本义为冬去春来，大地回暖，虫蛇从冬眠中复苏，恢复生机。

冰化了叫消融，水乳交合叫交融，将零散的钱合起来使用叫金融。"融"是化异为合，汇分为合，有和谐、和乐之意。主要的成语典故都体现了这个意义。如"融会贯通"指把各方面的知识和道理融化汇合，得到全面透彻的理解；"融为一体"比喻几种事物关系密切，配合自然，如同一个整体；"其乐融融"形容十分欢乐和睦。圆融是禅宗所倡导的处世原则，融通则无阻，融合则通达。

"圆融"二字非常生动、形象地体现了圆融之道，给我们的心灵修炼和为人处世以深刻的启示。

"圆融"表现为完美无缺，圆满之象

"圆"字的口，连接紧密，没有残缺，这就是"圆"的标志。在我们的现实生活中，处处离不开"圆"。我们的衣食住行，处处充满着"圆"。早晨起床刷牙时用的口壶是圆的，喝水的杯是圆的，吃饭的碗是圆的，上班不论是骑自行车还是乘车都离不开圆的轮子，"圆"可以说无处不在。

圆的优点很多，如曲线完美，势能均衡，张力最大，摩擦力小，圆心恒常，圆无暗角，圆无虚空，因此，人们追求圆满的生活、圆满的人生，圆在人们的精神生活中也同样不可或缺。而要达到圆满圆通，必须无滞碍，不偏执，消融矛盾，和谐和解。

方是做人之本，是堂堂正正做人的脊梁，但仅仅有"方"是不够的，还要有"圆"的包容。"三国"的曹操是一个深谙方圆之道的人，他曾骑马践踏青苗，违反了军规，他割发代首，既保全了自己，也维护了军规。《红楼梦》里有两句话："世事洞明皆学问，人情练达即文章。"方让我们有原则，圆则让我们能变通，只有方圆结合方能获得圆满。

"圆融"以包容缺憾为策

圆字，员在"口"内，这表明圆总是有一定范围的，圆是相对的，没有绝对的圆。天圆地方，共同构成了我们的生存空间。同时，圆字还告诉我们，员总是在圈内，凡事要约束自己，圈要包容员，"金无足赤，人无完人"。"月有阴晴圆缺，人有悲欢离合，此事古难全"。世间万物共同拥有的空间，只有相互的包容，才能获得圆满。老子说："大成若缺。"圆满原在残缺中。缺，是对完美的期望，在淡淡的忧伤中，有一种寂寞的美。如篆刻，多在断处用心。断处见其胆、见其韵。印家有这样的话："与其叠，毋宁缺。"没有缺，就没有篆刻艺术。缺是一种引领，而不是抽刀断水式的毅然截断。缺更是一种烘托，美不在缺本身，而是缺提供了一个背景，一个呼应圆满具足的背景。

曾国藩有一个重要的人生态度——"求阙"，他的书房名曰"求阙斋"。他认为，人生之美好，就在于花未全开月未圆的缺失之美。花未全开尚有艳极之时，月未全圆必有盈满之刻，人生有缺，则意味无穷。而花，艳极则枯；月，满盈则食；运，盛极而衰，此乃常理。曾国藩的"求阙"艺术，成就了他一生的事业，也成就了他一生的幸福。"求阙"，不是消极的安于现状，而恰恰相反，是一种在积极向上的人生态度中不苛责自己，不勉强自己，顺应事物客观规律的冷静的进取精神。有了这样一种生活态度，就懂得去享受缺憾之美，懂得用辩证的态度去看待生活、看待人生。譬如，有人在顺境的时候容易心盈意满，不思进取；而有人则越是在顺境的时候，越是细查缺失，越是每日三省吾身，越是居安思危。因为世界上的事情，总是福祸相依、顺逆相逐、圆缺相关。顺境之时，很可能就潜伏着逆境甚至险境；一时的圆满，很可能就伴随着亏损。如果缺乏这种预见性和心理准备，万一日后遇到意想不到的变故、挫折、困难，精神就先垮了。"求阙"，并非放松工作标准，不求生活品质，而是一种良好的、积极的心态准备，是解决各种生活困难、校正认识误差、调整困惑心理的一把"金钥匙"。作为人生追求，应宁求缺，不求全，宁取不足，不取有余。

"圆融"为智圆行方之道

圆字，内有员，员代表着人，这就是以人为本。圆是一种貌似糊涂的智慧，有沉静蕴慧的平和，许多先哲之所以智慧，正因为智圆。

相传，有一次，孔子的弟子子路去集市上买菜。发现一位摊主正在给一人称白菜。称好后，买主付了钱。摊主将钱数了两遍，对买主说："我说得很清楚，每斤八铢。你买了四斤，应该付三十二铢，可你却只付了三十一铢。"买主斩钉截铁地说："明明是四八三十一，你却说四八三十二，这不是坑人么。"摊主反驳道："四八三十二，连三岁的小孩子都知道，你却说我耍赖，简直是胡搅蛮缠！"就这样，摊主和买家争得面红耳赤，越吵越激烈。

子路看不下去了，对买主道："四八明明三十二，就一铢钱的事，还是补上吧。"摊主这才发现为自己主持公道的是孔子的得意门生子路，于是连连道谢。可买主却不依不饶，竟将了子路一军："亏你还是孔子的学生，竟然连常识性的知识都弄错了！你要是不认错，我们就找你的老师评理去！"子路火冒三丈："去就去。要是我说错了，我就将头上的帽子送给你。"买主也不甘示弱："如果我错了，我就将头砍下来给你！"

于是，子路、摊主和买主三人一同去找孔子。见到孔子后，子路先将事情的来龙去脉说了一通，然后请老师主持公道。孔子沉思片刻，严肃地对子路说："买主说得对，四八三十一，你把帽子给他吧。"子路以为自己听错了，可碍于礼数，还是将帽子从头上摘下来，递给了买主。买主心花怒放，奚落了子路一番，便大摇大摆地离开了。

子路很不服气，迫不及待地问孔子："先生，明明是四八三十二，可您刚才为何评判说是我错了呢？"孔子没有正面回答他的疑问，却反问道："你觉得对错重要还是那位买主的性命重要？"子路毫不犹豫地回答："当然是性命重要。"

孔子欣慰地说："这就是了。那位买主显然是神智有问题的人，所以才固执地认为四八三十一。如果我说他错了，弄不好会闹出人命来，为了区区一铢把事情闹大，值得吗？"子路恍然大悟。

与人交往时，的确需要坚持原则，分清是非对错，但在有些情况下，如果这种坚持无关紧要，却可能带来极端恶果，变通就显得尤为重要了。心宜方，行宜圆。

方和圆是对立的，但也是互补的。"方"是做人之本，

"圆"是处世之道。方是方方正正，做人做事遵循守则。圆则是融通老成，进退自如。真正的"方圆"之人是方圆的结合体，有勇猛斗士的武力，也有沉静蕴慧的平和，前进时干练、迅速，退避时泰然、沉稳。

其实，人生是一个圆，从起点到终点，是一个圆圈。有的人走了一辈子也没有走出命运画出的圆圈，平凡、平淡，这可能是一种宿命。但要知道圆上的每一个点也可以成为腾飞的切线，有时超越常规，可能会做出不凡的业绩来。

"圆融"让生命充满新生、光明和生机

融，从鬲，从虫。从鬲，代表煮汤的锅；从虫，指小虫掉进锅里，一下子就融化了，和整锅汤融为一体。"融"的本义是冬眠的虫蛇在暖春复苏，恢复生机。在今义中，不管是"春日融融"的"融"，还是"冰雪消融"的"融"，都是冬去春来，大地回暖的象征，故"融"寓意重生、新生，寓意光明、生机。在我们的日常生活中，往往对敌对的人或不同的物，采取敌对、敌视的态度，力图围剿消灭，但结果往往适得其反，甚至出现两败俱伤的情景。

从前有一个人，他有一个引以为傲的美丽花园。可是花园里出现了大量蒲公英。他想尽办法清除它们，还是不见成效，于是，他写信向专家求助，不久，他收到了答复，写着："建议你试着去喜欢这些植物。"结果，这个花园成为蒲公英的花园，园子变得更吸引人了。

让花园里的花与蒲公英共同成长，也一样能打造出最美的花园。花园里不一定只能有名贵的花，也得有不起眼的小草和小花，才能把花园点缀得更加漂亮。

有一个快要失明的人拼尽全力和病魔斗争。当药物不起作用时，他的心情越来越烦躁。随着恢复视力的希望越来越小，医生

只好建议他试着去喜爱失明，这就是接受"无"。于是他从苦涩变成了顺从、忍受和接受，直到有一天，他终于能够拥抱失明，对它说："我爱你。"那一天，微笑在他脸上重现。当然，他永远失去了视力，但是现在，他的面容变得多么有魅力啊！

既然无力去改变，那何不试着去接受呢？拒绝只会让自己受到挫折与打击，那为何不换个思维呢？让一切苦难都融进生活的海洋里，让它变得不再重要，一切重新开始。

"圆融"使人的生活融通和洽

"融"，音通"溶"。融指液体的交融，如水乳交融，既然能溶化、溶解，自然就能融会贯通。那么如何让自己的人生更加充盈？答案或许只有扩大自己的"容器"了。那怎样才能扩展我们的"容器"呢？就是怀着开放、自由的心态去"溶解"人生中的各种苦涩，由此扩充你的"容器"。

一位禅学大师有一个老是爱抱怨的弟子。有一天，大师派这个弟子去集市买一袋盐。弟子回来后，大师吩咐他抓一把盐放入一杯水中，然后喝一口。"味道如何？"大师问道。"咸得发苦。"弟子皱着眉头答道。随后，大师又带着弟子来到湖边，吩咐他把剩下的盐撒进湖里，然后说道："再尝尝湖水。"弟子弯腰捧起湖水尝了尝。大师问道："什么味道？""纯净甜美。"弟子答道。"尝到咸味了吗？"大师又问。"没有。"弟子答道。大师点了点头，微笑着对弟子说道："生命中的痛苦是盐，它的咸淡取决于盛它的容器。"

是的，生命中的痛苦是盐，它的咸淡取决于盛它的容器。我们要扩宽自己的内心，只要从心里愿意去容纳这些焦虑和恐惧，慢慢你就会发现这些负面的情绪只不过是由一些强烈的肉体感觉以及某些深植于内心的想法所组成的，这些感觉和想法本身不是问题，主要是我们不想去感受。因为我们的心太紧缩，就像上面的一杯水那样，最后尝到的一定是苦涩。如果我们抱着开放的心态去面对这些负面的感受，就像用湖泊那样的胸怀去容纳苦涩，那么尝到的是纯净甜美。

心欲小而志欲大，智欲圆而行欲方。

——汉·刘安《淮南子·主术训》

　　这句话是汉代学者刘安说的名句。心欲小是指个人的私欲小，而志向远大，智慧要圆融而行为要方正。智圆行方，是内方外圆的表现。一个人内心是端正、方正的，是刚强的，但在处世时又要善于灵活变通，艺术地加以处理，这就是把原则性和灵活性有机地结合起来，理与情结合起来。

清静

水净清澈，朴素丹心

自古清官受人敬仰，广东饶平县三饶古城南门外东南两华里处，有一座文明塔，塔内竖着一块"谜碑"，上面写着"新事隐语"四个大字。谜面是一首五言古诗，暗喻当时一位清官的籍贯与业绩：天高一望空，水至青如许。悬着本无心，贪多贝应去。横目点离州，廓上开新宇。竽头竹已非，水草翻无羽。同船走相告，土草合为侣。健儿久失人，木侧堪乔举。谜底为"大清县令四川郭于藩造塔建桥"，其中"横目点离州"射"四川"二字。以诗谜来纪念清官，既别具一格，又可见老百姓之情意深重。

清，形声字。"清"字早见于金文。《说文·水部》：清……从水，青声。

🅼，金文。🅿（水）加🅲（青，表示漂亮美丽）。造字本义为水无杂质，明丽澄澈。

段玉裁注："清者，明也。澄而后明，故云澄水之貌。"按照段玉裁的意思，"清"的本义是"将浊水变清"，即今之将浊水过滤的过程。又因浊水经过滤后就变成清水，清水洁净而透明，因此"清"便引申出"明""明亮"的意思。"清"的本义为水清澈纯净，无杂质。如"河水清且涟猗""濯清涟而不妖"，后引申为纯净、明晰，《兰亭序》中写道："是日也，天朗气清，惠风和畅。"水平静才清澈，故引申为安静："贫无所苦，清静过日而已。""清"还指品德高尚，如清高、清雅、清廉。"举世皆浊我独清，众人皆醉我独醒"，"畅才思清敏，志节贞厉"。

静，形声字，从青，从争。青，既是声旁也是形旁，是"清"的省略，表示纯净。

🐛，金文。🐛即青，"清"的省略，纯净；🦆即争，表示力图清心。造字本义为努力去除杂念，清心寡欲。

"静"可以引申为形容词，表示内心安定的，没有杂念的，如静谧、禅静，也可以表示无噪音的，如静态、寂静；还可以引申为副词，表示无杂念地，无噪音地，如静观、静坐。

清静是指心性纯正怡静，安定不疑。"清静"是儒释道三家都追求的一种心理状态。儒家认为"定后能静，静后能清，清后能明"。佛家把入静、修静作为一个重要的方法，"禅那"是梵文 Dhyāna 的音译，原意是沉思、静虑。道家更是强调清静无为。翁同龢曾说："每临大事有静气，不信今时无古贤。"大凡有静气的人，都能成就一番事业。老子在《道德经》中讲："孰能浊以，静之徐清？""致虚极，守静笃。"老子认为"清静"是世人修身处世的准则。"清静"可以消除浑浊，可以战胜燥热，可以遣除贪欲，可以去除烦恼之事。"清静"可以以"神"制"心"，以"心"制"物"，以"性"制"情"，以"清"制"浊"，以"静"制"欲"，从而达到常清常静，与"道"合真的境界。"清静"是一种人生姿态、思想境界和养生方式。世事纷扰，往往会干扰人们内心的平静，一个突出的表现就是浮躁，追求眼前的功利，因而出现了焦虑、烦躁、不安，而"清静"是一方"清新剂"。

"清静"来自于心地的干净

清，从水。本义是纯净没有杂质的水。老子曰"水善利万物而不争"，体现了水的包容性。水要干净，才能清澈明亮。人心亦是如此。一个心无杂念、清心寡欲的人能够做到豁达开朗，坦荡知足，胸怀宽广，自然就神清气爽。

明朝正统年间，宦官王振以权谋私，每逢朝会，各地官僚为了讨好他，多献以珠宝白银，巡抚于谦每次进京奏事，总是不带任何礼品。他的同僚劝他："你虽然不献金宝来攀求权贵，但也应该带一些土特产如线香、蘑菇、手帕等物，送点人情呀！"于谦笑着举起两袖风趣地说："带有清风！""两袖清风"的成语从此便流传下来。他曾作过《入京诗》一首：

绢帕蘑菇与线香，本资民用反为殃。

清风两袖朝天去，免得闾阎话短长。

绢帕、蘑菇、线香都是他任职之地的特产，只因官吏征调搜刮，反而成了百姓的祸殃了。于谦在诗中表明自己的态度：我进京什么也不带，只有两袖清风。只有心地干净，才能清正廉明。

心清才能身清，心中有一股清正的正气，则不怕被任何利益诱惑，也不怕被世间俗流所污染。还有一个民间传说，表明了心净才能眼清。

苏东坡与佛印禅师是莫逆之交，常常互相打趣。有一次他们相对打坐，苏东坡起了打趣念头，随即问禅师："大师，您现在看到的东坡是什么？"佛印大师反问："您先说说，您看到佛印是什么？"苏东坡说："我打坐时，用我的天眼看到大师是团牛粪。"佛印禅师笑着说："我打坐时，用我的法眼看到你是如来本体。"苏东坡听后扬扬得意。回家后，苏东坡把与大师的对话告诉了苏小妹，苏小妹听后说："哥哥，你亏大了。你难道忘了一切事物都是内心的投射吗？你内心是团牛粪，所以看到别人也是一团牛粪，禅师内心是如来，所以看到你也是如来。"苏东坡听后心里非常不是滋味。

身似如来心向佛，心清则眼清，心浊则眼浊。有时候口舌之争的胜利也只是假象，因为不清的心境已经说明你输了。

"清静"是少一点纷争，多一分忍让

"静"从"争"，有争就不静，不是一个完全的争，争只是一部分，其寓意是少一点争。人生有许多烦恼，皆因事不肯让人一分，结果是以牙还牙，你死我活，两败俱伤。

杨玢是后唐的尚书，他家住宅宽敞，人丁兴旺。有一天，他的侄子跑进来说："不好了，我们家的旧宅被邻居侵占了一半。我们已写好状子，非告他不可！"杨玢看后，提笔在状子上写了四句话："四邻侵我我从伊，毕竟须思未有时。试上含元殿基望，秋风秋草正离离。"写罢，他再次对侄子说："在私利上要看透一些，遇事都要退一步，不要斤斤计较。"这起纷争终于平息。

在现实生活中，难免与他人有磕磕碰碰的事，适时地咽下一口气，悠然地轻轻一笑，心境会很平和，生活会更美好。

古时候，有一个叫麦地巴的人。每当他与人争执或生气的时候，就绕着自己的房子和土地跑三圈。由于他十分勤劳，土地越来越多，但此举未变。为何每次生气时，他都要这样做呢？这个秘密他晚年才告诉孙子："年轻时，我一和人争吵、生气，就绕着房子和土地跑三圈，边跑边想，我的房子这么小，土地这么少，应该争取时间去工作，一想到这里，气就消了。后来，房子大了，土地多了，我一想何必跟人计较呢，气也就消了，心就平了。"

其实，人活世上，内心受到外界的影响是很难平静的，特别是遇到不如意之事，如果感觉怒火中烧往往会影响我们对事物的判断。因此，在气头上作出的决定往往是不恰当的，心绪平静才能做出正确抉择。真正的心静，就是当时再大的委屈、再盛的怒火也能在心中消解，这样就表示已经达到真正超脱的境界。

"清静"是专心精进，宁静致远

"静"音通"精""进"。在"精"中"青"是"倩"的省略，表示好看的、漂亮的。"静"有纯净的意思，"精"有美好的意思。人们认为，纯净的东西自然是美好的，所以，"静"和"精"两字不仅谐音，在意义上也是有关联的。"静"能成"精"，这不难理解，一个人内心平静，心无旁骛，便能专心一致，这是做好求"精"的前提。"静而后能安，安而后能虑，虑而后能得"，做任何事情，心不静就没有收获，没有收获何谈求精。"非宁静无以致远"，"远"指的是远大的目标，只有使自己的心静下来，才能走得更远。一个人不为杂念所左右，专心致志做好一件事情，别的诱惑都迷乱不了他，仿佛进入了禅室，这就是有静气。一个人为实现一个目标，精于一事，往往能成为一个领域的精英。一个人如果每天都把业余时间花在做一件事上，坚持一辈子，他一定能拥有一门特长。这个坚持的过程就是心静的过程。

一家媒体采访苏联著名科学家尤比契夫，摄影师给他拍照时，他开玩笑说："要照相不应该照脸，而应该照臀部。"这句话虽然是开玩笑，但也很中肯，意思就是说，像他们这些学者所取得的成功，全在于屁股"坐得住"。

其实，这种"坐得住"的态度正是我们大多数人缺乏的"静"的心态。一个人如果想要在某个方面有所建树，就必须耐得住寂寞，坐得住冷板凳。霍金为什么能够成为科学的巨人，是他天资聪慧吗？恐怕不尽然。"如果不是因为生病，我不会有今天的成就。"霍金的话向我们提示了他能够"站起来"的原因：专注而安静地坐着。

齐白石成为大师后，有人问他，如何从一个木匠转变成巨匠？他答道："作画是守静之道，涵养静气，事业可成。"坐得住不仅是一种心态，还是一种境界。坐得住的人是不会问世间岁月的，是不会在意是非得失的。

2002年诺贝尔文学奖得主凯尔泰斯·伊姆雷，他从事写作五十多年，获奖之前在《世界名人辞典》中根本查不到他的名字。为什么？因为他始终默默无闻地辛勤写作，拒绝采访，不出席各种会议，半个世纪始终如一地坚持。

人生贵在坐得住，人生也难在坐得住。坐得住贵在坚守，因为只有坐得住，才能磨炼意志，才能凝聚力量，才能造就辉煌。摒弃浮华，坚守住内心的操守，能经得起诱惑，坐得住冷板凳，这是几乎所有成功的人都具备的品质。因为不经历寂寞、逆境和默默无闻的考验，就无法磨炼自己的意志，最终到达成功的顶峰。

知止而后定，定而后能静，静而后能安，安而后能虑，虑而后能得。

——《礼记·大学》

这段话讲的是修身的基本路径。修身是一个实践的过程，首先要确定好目标，"知止"就是知道自己的目标在哪里，确定自己的志向；只有确定了志向，才能使自己保持一个平静的心情，心静则能心无旁骛，聚精会神，专心地做事；心境的平静，使人心安，安于所处的环境；安于所处的环境，则有利于进行周全的思虑；进行周全的思虑，必然能领悟自己的目标价值而有所收获。"定、静、安、虑、得"可以说是修身的五个步骤，这五个步骤相互联系，逐级递进，"知止"是目标，"定、静、安、虑"是过程，"得"是结果。

旷达

日朗地广，行走大道

此有一则诗谜：谜面是李白的《静夜思》："床前明月光，疑是地上霜。举着望明月，低头思故乡。"这首诗的谜底是个"旷"字！因为"床"字的前面是"广"字，"明月光"即"明"字中的"月"没有了，剩个"日"字，组合即是"旷"字。

旷，会意兼形声字，从日，从广。日为太阳、光亮，广为 空阔。《说文·日部》："旷，明也。从日，广声。"

曠，篆文。日即"日"，表示光亮，廣即"广"，表示空阔。造字本义是空阔而明亮。

"旷"的本义是空阔而明亮的，它强调视野的开阔明亮。如《桃花源记》中所说："土地平旷，屋舍俨然。"这里的"旷"

就是空旷、开阔的意思。"旷"还引申为时间久远等义，如"旷世之才"。另外，"旷"还有耽误、荒废之义，如"内无怨女，外无旷夫""百官群职旷废""旷日持久""旷课""旷工"等等。

达，会意兼形声字。《说文·辵部》："达，行不相遇也。从辵，夲声。"

𢓊，甲骨文。𤕻即"彳"，表示大道；𠃜即"大"，表示人。造字本义：人在大道上通行无阻。

𢔶，金文。加𥫗（竹鞭）和𦍋（羊），表示在大道上驱羊而行。

𨖲，篆文。承续金文字形。

"达"的本义是大道通行无阻，轻捷畅达。如我们常说的"四通八达"。"达"又指通晓、明达、显贵，如"豁达大度""达官贵人"。

旷达是一种人生态度，也是一种精神境界。器宇宽大，通晓事理，把因果祸福看成一体，得之不足慕，失之不必哀，这就是旷达的人生。在人生旅程中，有荣辱、有甘苦、有起伏，用不同态度去面对，结果截然不同。而"旷达"二字告诉我们，用什么样的心境和气量胸怀去生活，才能获得幸福的人生。

"旷达"要内心充满阳光，心境开朗、心胸广阔

"旷"字从日，日代表阳光、光明、光亮。阳光广照可以扫除污秽和阴暗，使环境光洁敞亮。其实这对人心的作用也是一样的。倘若一个人积极向上，如日般温热明亮，向往光明，充满正能量，那就不会被阴暗的思想和污秽的精神所蒙蔽；那就能达到心境开朗、心胸广阔，能拥有一颗不计较得失的宽恕包容的心。

有个画家六十多岁了，他的画技已炉火纯青，尤其是他画的鸭子形神俱备。有人问他："听说您年轻的时候曾有过一段很艰

苦的岁月，请问在那样的环境中您是怎么保持一颗平静之心去提高自己的画技的呢？"画家笑着说："那时我被迫到一个村里放鸭子，受尽别人的嘲讽。刚开始在河边放鸭子时，我心里满是绝望。但渐渐地，我发现所有鸭子的眼睛都是弯弯的，像是含着无尽的笑意，我心里突然感到温暖起来。我当时便想，在这种艰苦的环境下，毕竟还有这一百多只鸭子在冲我微笑啊。天长日久，我便喜欢上了鸭子，每日沉浸于它们的一举一动中，在心中无数次勾勒它们的样子，所以画技反而提高了。"

"旷达"要珍惜时间，不虚度光阴

"旷"字有"广"，表示空阔，引申为空耗；"旷"字有"日"，表示每天，也就是日常时间。两部分组合起来，表示空耗时间，这是"旷"的反面。正所谓生命短暂，时间一去不复返，荒废时间其实就是在荒废生命。所以人生在世，一定要珍惜时间，活出价值，活得有意义，不要虚度光阴，使岁月蹉跎，生命留白。鲁迅成功的秘诀之一，就是珍惜时间。

鲁迅十二岁时在绍兴城上私塾，当时他的父亲正患着重病，两个弟弟年纪尚幼，所以他得经常上当铺，跑药店，还得帮助母亲做家务。而为了不影响学业，他必须做好精确的时间安排。当时鲁迅几乎每天都在挤时间。他说过："时间，就像海绵里的水，只要愿挤，总还是有的。"鲁迅读书兴趣广泛，又喜欢写作；他对民间艺术，特别是传说、绘画，也很有兴趣；也正是因为他广泛涉猎，多方面学习，所以时间对他来说，就显得更加重要。让人感慨的是，他一生多病，工作条件和生活环境都不好，但每天都要工作到深夜才肯罢休。在他的眼中，时间就如同生命，所以他非常讨厌那些"成天东家跑跑，西家坐坐，说长道短"的人。在他忙于工作的时候，如果有人来聊天或闲扯，即使是很要好的朋友，他也会毫不客气地说："唉，你又来了，就没有别的事好做吗？"

"旷达"要胸怀宽广，大度容人

旷，从日，从广，表示太阳广大无边。达，从大，大有开阔、广大之意。也就是说，人要达到豁达的境界，就要心胸开阔、目标远大。而豁达的人生往往会畅行无阻，四通八达。所以，我们要学会做一个豁达大度之人，做到能容常人所不能容之事，让自己胸怀广大。

雨果的《悲惨世界》里有一句经典名句："世界上最广阔的是海洋，比海洋更广阔的是天空，比天空更广阔的是胸怀。"其实人的心胸是有很大的伸缩性的——小的时候容不得一粒沙子，大的时候却可容纳整个世界。而旷达，就是要有一种宽广的胸怀。

清朝康熙年间有个大学士名叫张英。有一天，张英收到一封家信，信中说他家人为了争三尺宽的宅基地，与邻居发生了纠纷；他家人要他用职权疏通关系，打赢这场官司。然而，张英看完信后坦然一笑，挥笔写了一封信，并附诗一首："一纸书来只为墙，让他三尺又何妨？长城万里今犹在，不见当年秦始皇。"张英家人接到信后，便根据张英意思让出了三尺宅基地。这时，他的邻居看见了，觉得很不好意思，也主动相让三尺，结果就成了六尺巷。张英的宽容旷达让六尺巷的故事被广泛传颂，至今依然带给人不尽的思索与启示。

豁达是一种处世智慧，更是一种人生态度，得之淡然，失之泰然。正所谓心胸豁达，足能纳万物；心胸狭隘，不能容一沙。在现实生活中，在如何对待名与利的问题上，是最能考验人的。有的人把名利看得很重，自然处处树敌，困扰不断，而学会豁达，就能解脱名利、得失之心的困扰。

"旷达"要豁达超脱，开朗淡然

"旷"字有"广"，"广"有广大、宽阔之意。因此，"旷"是一种放得开的豁达超脱的人生态度。战国时期的庄子便是一位豁达超脱的人。

庄子的妻子去世了，他的朋友前去吊唁，却吃惊地发现庄子一边拍打着瓦盆，一边按着节拍唱歌。庄子的朋友很不高兴地说："你不但不哭，居然还这么做？"庄子回答说："我并非没有悲伤的感情，但是死是回避不了的事情，既然这是自然运行的规律，我为什么要哭呢？"庄子的这个故事看似不近人情，实则蕴含了许多人生哲理。其实人生在世，本应珍惜身边的人，好好活在当下。只要把握住了当下的生活，珍惜了身边的人，又何必过于介怀那些已然无法追寻的东西呢？

"旷达"蕴含幸福吉祥之意

"达"的繁体为"達"，从幸。"幸"字有意外得到成功或免去灾害的意思。通常而言，这样的人往往是善解人意的，能与人和谐相处。其实，如果能够谙透事理，凡事看得明白、看得开，那自然就会少点烦忧，活得幸福。

梭罗·亨利从哈佛大学毕业后，不去经商从政，而是选择了隐居在瓦尔登湖畔。他在湖畔搭起小木屋，开荒种地，读书写作。在他44年的生命里，一直过着宁静简朴的生活，这是他自己喜欢的生活。作家约翰·海恩斯远离人群，在阿拉斯加的冰雪旷野中度过25年狩猎生活，在一种独立自然、宁静健康的生活中领悟世界、了解自己。梭罗和约翰都过着自己喜欢的生活，依着自己的性情行事，他们宁静而幸福，是自己真正的主宰。

"达"字繁体为"達"，有"羊"。"羊"字古同"祥"，意为吉祥。而"达"字本义是通行无阻，"达"中有"羊"，意

第三篇　心理性格修养

即畅通无阻是吉祥之时。千百年来，一切顺利一直都是人们美好的祈愿、永恒的追求。

传说天上有只十头鸟，因为偷吃供品而被贬下凡间。上天的意思原本是让它认真思过，好重返天庭。不料它却贪恋尘世，不肯悔改，还四处搞破坏，弄得百姓苦不堪言。于是周文王就请姜子牙降服这只罪鸟。姜子牙知道这十头鸟最害怕的就是八卦风轮和乾坤竿，于是就用竹条围了圈，代表三百六十五天；糊上八卦轮，用十二根辅条，代表十二个月；辅条上有二十四个头，代表二十四节气，上面附有春夏秋冬四道驱魔降妖保平安的符，叫作四季平安。做好这些之后，姜子牙将吉祥轮插在三丈六尺五的乾坤竿上。从此以后，十头鸟真的就慢慢消失了，天下也就太平了。百姓看到这东西能辟邪，就都学着做出简易版本的天地竿和风轮，并把十二、二十四、三百六十五的吉祥数字都保留了下来。又经过漫长一段时间，有能工巧匠给风轮加上了泥鼓；这样风一刮，就发出清脆响亮的声音，这就是风车。在民间，风车便代表了喜庆和吉祥，象征着一帆风顺。

宠辱不惊，看庭前花开花落；

去留无意，望天上云卷云舒。

——《幽窗小记》

　　这是《幽窗小记》里的名句，意为视宠辱如花开花落般平常；顺其自然；视职位去留如云卷云舒般变幻，毫不在意。

　　一副对联，寥寥数语，却深刻道出了人生对事、对物、对名、对利应有的态度：得之不喜、失之不忧、宠辱不惊、去留无意。这样才可能心境平和、淡泊自然。

　　宠辱不惊，去留无意说起来容易，做起来却十分困难。在世俗社会中，功名利禄要放得下，看得透，必须有旷达的心态。首先，要明白自己的生命价值，信仰的追求，自由的思想，独立的精神，文化的创造，科学的发明以及亲情、友情之宝贵，远重于功名利禄；其次，辩证看得失，得之不喜，失之不忧，不要过分在意得失，不要过分看重成败，得其实也包含失，失也意味着得，得失相依。陶渊明式的魏晋人物之所以有如此豁达风流，就在于淡泊名利，不以物喜，不以己悲，才可以用宁静平和的心境写出那洒脱飘逸的诗篇。

　　只有做到了宠辱不惊、去留无意方能心态平和，恬然自得，方能达观进取，笑看人生。著名的社会活动家、杰出的爱国宗教领袖赵朴初先生曾经写道："生固欣然，死亦无憾。花落还开，水流不断。我今何有，谁欤安息。明月清风，不劳寻觅"。这正充分体现了一种旷达的精神境界。

文/化：交变成文，教化成人

艺/术：扎根沃土，知行合一

美/雅：大善大义，宏大宽容

诗/歌：言志言情，用心咏唱

书/画：执笔书写，画表心声

琴/棋：琴以解忧，棋以养智

文化艺术修养

字说修养·第四篇

交变成文，教化成人

　　有一个典故叫"文质彬彬"，出自《论语》：一天，孔子在家，对儿子孔鲤说："君子与人会面不可以不修饰，不修饰仪容就会不整洁，不整洁就对人不尊重，对人不尊重等于失礼，失礼就不能自立于世。那些站在远处就显得光彩照人的，是仪容整洁的人；与人接近而让人心中洞明的，是拥有渊博学问的人。"孔鲤听完以后，问道："那么父亲的意思是说君子一定要善于修饰自己，可是您不是经常教导我说君子只要保持本质就可以了，不需要讲究文采吗？"孔子说："鲤啊，你还没有理解我的意思。文采如同本质一样重要，文质彬彬才能成为一个君子。如果一个人过于质朴，他就会显得粗野，流于粗俗；如果一个人太富于文采，他就会显得虚伪，流于浮夸。只有质朴和文采配合恰当，才是君子啊。"君子是儒家思想的人格模式和典范。"文质彬彬，然后君子"，只有文与质恰当的调和，才能达到君子的境界，这就是中庸之道。

文，象形字。

甲骨文为🜨，像一个正立的人形，最上端是头，向左右伸展的是两臂，下部是两腿，胸前刻有美观的花纹。

金文为🜨，形体基本上同于甲骨文。

篆文为🜨，把胸前的花纹省略了。隶变楷书后写作"文"。

《说文·文部》："文，错画也。像交文。凡文之属皆从文。"意思是说，文，交错刻画以成花纹，像交错的花纹的样子。大凡文的部属都从文。"文"的本义为文身。《礼记王制》："东方曰夷，被发文身，有不火食者矣。"由花纹引申指文字，因为文字最初是照事物的形象画出来的，是线条交错组合的图。由文字引申指文章、文献。司马迁《报任安书》："恨私心有所不尽，鄙陋没世，而文采不表于后也。"随着物质生活水平的提高，逐渐人们也讲究仪容、礼仪。"文"侧重于表达精神层面，如文化、文字、文明等。由于"文"与"武"相对立，"文"是治世的，是宽柔的，由此引申为柔和、不猛烈的，如"文火""文雅""文秀"等。我们把有一定条理、逻辑的文字称为"文章"，"文章"语言优美，生动感人就称为有"文采"，而擅长写文章的人就是"文人"了。

化，会意字。《说文·匕部》："化，教行也。从匕，从人。"意思是教化言行。

🜨，甲骨文。ᚺ指一个头朝上站立的"人"；ᚩ指一个头朝下入土的"人"。表示由生到死的改变。造字本义为由昂首挺立到向下入土，即自然死亡。

🜨，金文。将甲骨文中头朝下的ᚩ（人）写成ᛚ（匕）。

🜨，篆文。承续金文字形。

"化"的本义为变化。如《庄子》中说道："化而为鸟，其名为鹏。"王充的《论衡》中亦称："无益于国，无补于化。""化"还引申为造化、达到高超的境界、风俗、求人布施等义。如"流池自化造，山关固神营""此乃出神入化之美""化缘"等。"化"是一种过程，中医把固体食物进胃到变成流质的过程称为"消"；把流质在肠里被吸收合成养分的过程称为"化"。"化"的指代内容有很多，比如"化人""化物"，但用得最多的还是"文化"。

文化是生活不可缺失之美。"文"最初的意义是纹理、花纹。在自然界中，有许多东西，天生就是很美丽的。刘勰在《文心雕龙》中指出自然界的"文"之美：龙凤以鳞羽呈现瑞祥，虎豹以毛色显现雄姿。云霞雕饰出的色彩，超过画工下笔之精妙，草木开花，不经织女的巧手也神奇异常。这是一种自然之美，未加雕饰之美。而一些质朴的东西，经过"文"，才能显现它的美，如一块质朴的玉石，经过雕刻，就能彰其形色之美。人也一样，经过梳妆打扮体现其气质美、形象美。现藏于台北故宫博物院的翠玉白菜，是由产自缅甸的翠玉琢碾而成，洁白的菜身与翠绿的叶子相映成趣，几乎可以假乱真，是"镇院之宝"。缅甸翠玉经过玉雕大师的"量材就质"、精雕细琢，自然色泽、人为形制、象征意念"三位一体"，遂成就一件不可多得的珍品。

近现代以来，随着人类学、文化学的兴起，不仅"文化"一词的使用范围十分宽泛，而且人们对其理解也存在诸多差异，据统计，现今学术界，对"文化"所下的定义多达百种以上。

所谓文化，就是一个民族在其历史上所创造的观念体系（自然观、社会历史观、人生观、思维方式等）和价值体系（民族精神、审美情趣等），这些观念体系和价值体系必然地要通过各种活动及其成果表现出来。

作家梁晓声有一个独特的概括很有哲理性：根植于内心的修养，无需提醒的自觉，以约束为前提的自由，为别人着想的善良。这四句话，实际上概括了一个有文化的人必须具有的修养。"文化"两个字揭示了文化的功能、内容和过程。

"文化"的功能是使人开窍、开化、开明

"化"字从人，从七。人，指人的开化；七，指人有七窍。七窍是指人的两眼、两耳、两鼻孔、一张嘴。开窍，就是从愚蠢、愚昧、愚钝变得聪明、文明、灵敏。我们常说一个人有个木头疙瘩的脑袋，就是说他不开化。不开化就会做出许多蠢事来，如"守株待兔""刻舟求剑"等。

孔子是一个善于教化人的智者。有一年春天，孔子听说泗水正涨春潮，便带着弟子们到泗水边游玩。泗水从大山中滚滚而来，又不知疲倦地奔腾而去，孔子动情地望着泗水河，陷入了沉思。弟子们不知老师在看什么，都围拢过来。子路问道："老师在看什么呢？"孔子说："我在看水呀。""看水？"弟子们都用疑惑的眼光望着老师。颜回说："老师遇水必观，其中一定有道理，能不能讲给我们听听？"孔子意味深长地说："水奔流不息，是哺育一切生灵的乳汁，它好像有德行。水没有一定的形状，或方或长，流必向下，和顺温柔，它好像有情义。水穿山岩，凿石壁，从无惧色，它好像有志向。万物入水，必能荡涤污垢，它好像善施教化……由此看来，水是真君子啊！"弟子们听了老师的一番宏论后，无不惊讶，谁能料想，从司空见惯的流水中，老师竟能看出如此深奥的道理！

孔子通过自己对水的领悟来启发弟子如何做人，将自己的人生感悟通过游玩中的交谈，潜移默化地传授给学生，不愧是一位"善施教化"的老师。

"文化"的核心是人文的教化

"化"字从人，意思是教化的对象是人，教化的核心内容是人文的教化。《易经》中讲"观乎人文，以化成天下"。就是说

要注重人事伦理道德，并用教化推广于天下。"人"既有自然属性，又有社会属性；或者说一半是魔鬼，一半是天使。只有人文精神的教化，才能使人摆脱动物的本能、本性，使人性、人格得到提升。"化"还从个人的"开化"延伸到了社会的范畴，从而形成了独特的文化。如儒家的仁义道德、佛教的慈悲情怀、道家的返璞归真的主张，都是对人的教化。

佛陀住在舍卫城的祇园精舍时，有一天，在行化的途中，见到许多儿童在水边玩鱼。佛陀问那群儿童："孩子，你们怕不怕苦痛呢？苦痛对于你们好不好？""啊！佛陀，我们很害怕苦痛，苦痛对我们是不好的。"那群儿童回答。佛陀于是说道："你们恐惧苦痛，要知道一切有生命的动物都和你们一样地恐惧苦痛，你们不应该把自己的快乐建筑在众生的痛苦上啊！"儿童们听了佛陀的劝导，乖巧地把鱼放回到水中去了。

"从小一看，到老一半。"为人父母者应该教育子女，从小就爱护众生的生命，长大以后，子女自然成为有慈悲心的人。如果小时候残害小动物，暴戾成性，将来或成为杀人的盗跖。

其实每个人先天都有一些淳朴的东西，同时也有劣根性和弱点，这些都需要进行教化加以发扬和改善，才能培养健全的人格。

"文化"的过程是正反相成，共存一体，不断演变、转化

"文"字下为"乂"，"乂"为"爻"的一半，"爻"的篆书与文相近，写成 𝕏，是八卦的一个符号，表示算筹相交，这种相交可以产生出许多变化，是智慧明达的一个表现。"乂"又是一个平衡之形，象征天地呼应，阴阳融合，刚柔相济，男女交合，生态繁衍，物质与精神的统一等。一种文化的发展，其生

命力正在于交融，取长补短，融会贯通，这就是我们所说的"杂交"优势。

"化"字是一正立、一倒立的两个靠背的人形，就像太极图，阴阳相抱，阴盛则阳衰，阳盛则阴衰，相互依存，又相互转化。中国传统文化认为，宇宙由阴和阳两种物质构成并互相转化，有太阳就有月亮，有男就有女，有雄就有雌，有生就有死；阴阳相对，是宇宙的基本逻辑。在一定条件下，阴可向阳、阳可向阴转变。阴阳鱼中间那条完美的曲线，是阴阳互变的很好的演示。例如战争打到一定程度后便趋向和平，和平达到一定程度就容易发生战争。如水冷到0摄氏度就会结成冰，热到100摄氏度就会化为蒸汽。正所谓物极必反，所以凡事都不能走向极端。而要防止走极端，就须明白万事都能相互转化。就像老子所言："祸兮，福之所倚；福兮，祸之所伏。"意思是说祸的旁边依靠着福，福的里面隐藏着祸，这形象地说明了矛盾的双方相互转化的关系。中国古代有许多福祸相生的故事，其中以"塞翁失马"最为有名，这个故事表明了"福祸、安危、哀乐"总是在不断地更替变换。

"文化"的工具是语言和文字

"化"音通"话"，人的开化是靠语言的交流来引导的。人心里有疙瘩，他人用"话"去开导。只要化解了矛盾，想通了问题，就是被教化了。有的时候，一番话甚至一句话就可以"点化"他人。

相传有一天，佛印正坐在船上与苏东坡品茶论禅，突然听到："有人跳河了！"佛印马上跳入河中，把一少妇救上岸来。佛印问："你年纪轻轻，为什么寻短见呢？"少妇回答说："我刚结婚三年，丈夫抛弃了我，孩子也病死了，你说我活着还有什么意思？"佛印又问："三年前你是怎么过的？"少妇眼睛一亮："那时我无忧无虑，自由自在。""那时你有丈夫和孩子吗？"佛印问。少妇回答说："当然没有。"佛印又说道："那你只不过是被命运送回到三年前。现在你又可无忧无虑、自由自在地生活了。"少妇幡然醒悟，从此再不寻短见了。

修养名言赏读

刚柔交错，天文也；文明以止，人文也。观乎天文，以察时变；观乎人文，以化成天下。

——《易经·彖传贲卦上》

“观乎人文，以化成天下”，这是“文化”一词的源头。刚柔交错，形成了天地万物的种种表现，我们对天地间各种现象，观其变化，可明事理，可以因地因时地给予应对。文明以止，“止”是“止于至善”，并规范人们的行为，把文明安止在人的生命中，这是人文的教化。为此，观乎人文，了悟人文，用礼乐制度，使人心归于纯净，这就是“教化”，以至于教化成就天下的人。

艺术

扎根沃土，知行合一

据说，苏东坡年少时才智过人，赋诗作文，信手拈来；书法、绘画、音乐，样样精通。他不免有些得意，曾写了一副对联：学遍天下艺，读尽人间书。这是初生牛犊不怕虎的勇气！其父苏洵看见后，却为孩子感到担心，见他小小年纪狂妄自大，自满自得，恐怕日后难成大器。于是，把对联改了一下：发愤学遍天下艺，立志读尽人间书。苏东坡见后，惭愧不已，知道自己太浅薄了，更加发奋读书，勤学技艺，其成年后，又经过生活的磨炼，艺术造诣日见成熟，诗词、散文、书法、绘画均称一代之胜，是中国文学艺术史上罕见的全才，也是数千年历史上被公认文学艺术造诣最杰出的大家之一。

艺，会意字。

甲骨文为🛠，是一个人手持树苗栽种的形状，表示种植草木。

金文为🛠，加了一个"土"，强调培土是种植的关键。对早期的农业社会来说，种植是极其重要的技能，因此"艺"代表"技"。

《说文·丮部》："埶，种也。从坴、丮，持亟种之。"《诗》曰："我埶黍稷。"艺的本义为种植，引申为技能、艺术，如从事园艺工作的工人叫"园丁"，农作物的栽培、管理等技术叫"农艺"，武术上的本领叫"武艺"。古代把艺术的范围概括为"六艺"，分别是礼、乐、射、御、书、数，表示礼法、音乐、射箭、驾车、识字、数学六种技能。今天，艺术的范围大大地延伸，文学、绘画、音乐、舞蹈、书法、戏剧、电影、电视等均为艺术的表现形式。

术，会意字。繁体为"術"。術蕴含"行有行规、术有专攻"之意。左有"彳"右有"亍"，构成"行"。"行"为行业，意为三百六十行，行行都有"术"；隶化后楷书"术"将篆文字形中𠬺（又）加八（八）所构成的𧗬简写成似"木"非"木"的木，可理解为十八般武艺，"术"在"術"中，表示每一门技术都有成系统的、专门的工具或手段。如道士有黄白之术，医者有回春之术，谋者则有单复之术。韩愈在其《师说》写道："闻道有先后，术业有专攻"。所谓"闻道"，是领会某种道理，包括形而上道或形而下道，上到宇宙生命究竟之道，下到各学科学问之道，做人之道，做事之道，农工商各行各业皆有各自之道；所谓"术业"，包括各种学术、技术、专业、行业、事业、职业；所谓"专攻"，就是专门下功夫于某一门学问或技术，做到干一行，通一行，精一行。

文学艺术，是人们对生活的提炼、升华和表达。艺术的开始意味着人类文明的进步，人类发现了人的伟大，肯定了人的价值、能力和智慧。

鲁迅在《坟·论睁了眼看》一文中说："文艺是国民精神所

发的火光，同时也是引导国民精神的前途的灯火。""艺术"两个字揭示了艺术的来源以及艺术创造、修养的途径。

"艺术"源于生活，源于万物，源于民间

"艺"中有"艹"，是说艺术虽然高高在上，但要植根于民间，服务于大众。"藝"中有"坴"，表明艺术来源于生活的沃土。如舞蹈源于对狩猎动作的模仿，音乐源于对声音的模仿，绘画是现实生活的再现。我们假如脱离生活谈艺术，那就是缘木求鱼，艺术之树必将枯萎、凋谢，我们也必将丧失活力和创造力。我们只要深入生活，就会发现艺术在民间，特别是工艺美术，很多大师的作品令人惊叹。岭南潮州的镂空木雕、珠绣、手拉壶，汕头的微书，广州的"三雕一彩一绣"，其艺术水平都很高。艺术来自人民群众在生活中的创造，艺术家只不过是去发现、加工、提高。艺术家只有到现实生活中去，到群众中去，到民间去，才有灵感，才有激情，才有传世之作。古往今来，有成就的艺术家都是从生活中感悟、锤炼，创作优秀的作品。著名的画家齐白石就是这样的人。

齐白石画的虾活灵活现，灵动而呈半透明质感的虾在水中嬉戏，或急或缓，时聚时散，疏密有致，浓淡相宜，情态各异，着实惹人喜爱。据说他画虾先后竟历经八十六年，真是千锤百炼才打造了"白石虾"。齐白石老家有个星斗塘，塘中多草虾，幼年的白石常在塘边玩耍，从此与虾结缘。为了画好虾，他在案头的水盂里养了长臂青虾，这样就可以经常观察虾的形态并写生，能更好地了解虾的结构和动态。再以后，他在观察虾的过程中，将虾的进退、游的急缓，甚至斗殴、跳跃等等情态统统收于笔端。更于笔墨上增加变化，使虾体有了透明感。他在画虾的头胸部时先用小勺舀清水滴在蘸了淡墨的笔腹上，使之有了硬壳般的感觉。通过观察，强调腹部第三节的拱起，很好地表现了虾体的

曲直、弹跳的姿势，因虾的跳跃全靠腹部，这样虾就画得更生动了。他又将虾钳的前端一节画粗，笔力得以体现。最令人叫绝的是他在虾的头胸部的淡墨未干之际加上一笔浓墨，立刻增加了透明感，也使中国画的笔墨味道更浓了。七十岁以后，白石老人画虾已基本定型，但仍在不停地改进，使其趋于完美，八十岁以后，他的虾画得已是炉火纯青。活灵活现的虾配上芦苇、水草、慈姑、奇石、翠鸟等，更以刚劲古拙的书法题上自作的诗句，加上充满力感的印章，成就了千百幅给我们高雅艺术享受的珍贵作品。

"艺术"之花来自辛勤的耕耘

　　"埶"古同"艺"，"埶"的甲骨文和金文像一个人伸出两手在种植苗木之形。加义符"云"，表示耕云之巧如云纹。"艺"字意味着不但要脚踏大地，而且要辛勤耕耘，孜孜以求，精益求精，不断地进取，这样才有所建树，有所成就。许多著名的艺术家其成就与付出均成正比。梅兰芳先生可以说就是一个例子。

　　梅兰芳小时候去拜师学艺，师傅说他眼睛没神儿，不是唱戏的料子。原来他小时候眼睛有轻度的近视，不仅迎风流泪，而且眼珠转动不灵活。但梅兰芳学艺的决心没有被动摇，他养了几对鸽子，每天一清早，就给它们喂食，然后放飞。梅兰芳站在鸽棚旁，眼睛随着鸽子的飞动而转动，循苍穹而视，尽力追踪越飞越远的鸽群，直至鸽子的踪影在遥远的天际消失。十年之间，从未间断，持之以恒，终于恢复了视力，练出了眼神。后来，他在舞台上一双大眼睛灵动明亮，神采飞扬。梅兰芳的眼神最能传达人物内心的细腻感情，人们都说梅兰芳的眼睛会说话。

　　梅兰芳以塑造各种妇女的舞台形象名闻遐迩，他为此可谓呕心沥血。最初，他对表现女人的吃惊老觉得不够理想，总不能将女人猛然吃惊的神态恰如其分地表现出来。一天，他回到家中，看到妻子正在聚精会神地整理衣服，于是，他随手抄起身旁的一只兰花瓷盆，狠狠地往地上一摔。"咣当"一声巨响，妻子被吓得惊叫了一声："哎呀！"将手中的衣服掷了老远，半晌才说出话来。在这一瞬间，梅兰芳准确地捕捉住了妻子的神情、动作。他据此反复琢磨、练习，将女人受惊后那种惊叫的神情、动作，恰当而又巧妙地融进他有关的表演中，将人物刻画得更加活灵活现。经过勤学苦练，梅兰芳终于成为世界闻名的京剧大师。他在舞台上的艺术气质，雍容华贵，典雅清丽，世称"梅派"。

"艺术"以创新和融通为生命

"艺"音通"易"。易是自然变化的规律，天地万物的法则。易也是一，一生二，二生三，三生万物。易是抱朴守一，是阴阳平衡的法则。易是艺之道，平衡、和谐更为美。易有不易、简易、变易，万变不离宗，大道至简，变通则通。易也是物我交融的创作过程。中国的舞蹈是易字太极图的生动表现。在舞蹈中，许多造型体现了各种姿势的不同空间层次的圆周运动。就一个转圆运动，就有多种转法，平转、蹲转、跪转等等，形成大圆圈套小圆圈、小圆圈联大圆圈、一圆套一圆的转圈艺术。书法也是如此，优美的书法讲究神形兼备，骨肉并重，贯气连笔，要笔断气连、迹断势连、形断意连，连贯为一，一气呵成，这就是书法家的心意一体，表现为阴阳交错，轻若寒烟，重若崩云，点如沧海，画若银河，轻重相衬，气韵流畅。

绘画同样如此，清代画家郑板桥作画讲求"外师造化，中得心际"，是对易学的体会。他画的竹，在师承自然的基础上，重视对传统的学习。他继承了宋元以来文人画的表现形式，特别是对文同、郑思肖、徐渭、朱耷、石涛，更是钦佩不已，勤加学习。他作画不喜勾勒填色，多用墨笔。对于画竹的创作，他曾提出三个阶段——"眼中之竹""胸中之竹""手中之竹"，形象地说明了主观与客观、现实和想象、真实和艺术的界限，使创作出来的作品，既源于生活，又高于生活，达到"趣在法外"的境界。因此，郑板桥笔下的竹，不论是新竹、老竹还是晴竹、雨竹、水乡之竹，无不被赋予了性格和生命，达到形神毕至，栩栩如生，富有感人的魅力，给观者带来愉悦和美的享受。

"艺术"的创造追求物我两忘的境界

艺音通臆，臆为臆想、痴迷。古往今来，超一流的艺术大师，往往被世人视为"疯""癫""痴""狂"，以其不拘一格的形象留下艺坛佳话。杜少陵的《饮中八仙歌》云："张旭三杯草圣传，脱帽露顶王公前，挥毫落纸如云烟。"张旭以善草书得名，性嗜酒，每饮酒，辄草书，挥笔大叫，或以头濡墨中而书，既醒自以为神异，不可复得。借得杯酒，一任癫狂。

在中国，有些艺术家对艺术的追求可以说达到"疯癫"的状态。五代杨凝式书画最绝，开宋书之风，人称杨疯子；米芾创落加点，一变古今山水画法，为百代之师，人称米癫；梁楷开禅画一派，人呼梁疯子；徐渭、八大山人皆疯狂；就连屈原、陶渊明、李白、杜甫这样的人，其行为也有许多癫狂之处。尼采将艺术家称为"患病动物"。法国著名画家凡·高更是一个典型的代表。1898年圣诞节前夜，凡·高在法国疗养地阿莱斯与他的朋友、著名画家高更争吵之后感到身心俱疲，精神崩溃，割掉了自己左耳的一部分。凡·高从此陷入了日益严重的疯狂状况。但随疯狂而来的还有澎湃的创造力，这种创造力使凡·高成为继伦勃朗之后荷兰最伟大的画家，同时也使他成为一个对现代油画发展产生关键性影响的人。

"艺术"的创造全靠自身的践行

繁体的"術"字,"术"形似"手","行"亦为行走、践行之意,"術"字告诉我们,从事任何学术技艺的研究一定要脚踏实地去研究、实践,强调一种动手能力。临渊羡鱼难有收获,要秉承严肃认真的态度,不能急于求成,对于一门学术的研究都不是一蹴而就的,若想有所成就,就需要一个漫长而艰苦的过程,必须脚踏实地、砥砺前行。所谓"十围之木,始生如蘖",基础是要一点一点打牢的,"道"需心灵"手"敏,"路"需稳步前"行",基础还没有打牢就想要研究高层次的内容无异于空中楼阁。艺术的创造要在实践中感悟、升华,只有一步一个脚印,不懈地实践、探索,才能达到艺术的高峰。

艺术不是技巧的事业，而是心灵的事业。

——丰子恺

　　丰子恺先生说的这句话是非常深刻的。唐代画家张璪说"外师造化，中得心源"，艺术既是对自然的师法，又是艺术家内心的创造。只有美好的心灵，才能创造出美好的艺术。艺术首先是艺德，然后才是术，过分追求技巧是舍本求末。

　　术亦有正邪，如若心术不正，其"艺"也高不到哪里去。"明治病之术者，杜未生之疾"为良医之术，良医不单能治疗疾病，而且能预防疾病，否则"良医不能措其术，百药无所施其功"；法乃善良公正之术，如《韩非子·大体》所曰，"寄治乱于法术，托是非于赏罚"，治国安邦之术在于推行法制，刑赏分明。艺术既是技巧的训练，更是心灵的修炼。艺术倘若背离了"德"的大道，必然是邪术、怪术，害人、害己、害社会。

美雅

大善大义，宏大宽容

唐朝以肥为美，然而在农夫眼里，美有着别样的含义。唐朝时有一对夫妇的女儿年方二八，长得俊美、秀丽，因此上门说亲和求婚者接连不断。有一天，来了三个年轻人，一个是还俗和尚，一个是书生，一个是年轻农夫，同时登门求亲。老头子一看乐开了，笑着说："我只有一个女儿，不能要三个女婿，谁要娶我的闺女，就看猜谜猜得好不好！"三个求婚者争先恐后地说："请老伯出谜吧，我先猜！"老头嘻嘻一笑："我只想问问三位，当今天下以肥为美，请问天下什么东西最肥？什么东西最瘦？"还俗和尚抢先答道："天下最肥的肥不过清油煎豆干，最瘦的瘦不过干盐菜。"书生赶紧说："天下最肥的肥不过龙袍马褂，最瘦的瘦不过毛笔杆！"老头听了哈哈大笑，还俗和尚和书生面面相觑，摸不着头脑。年轻农夫笑了笑，朝老头拱了拱手，然后说道："天下肥的肥不过春雨，瘦的瘦不过霜寒。"老头听了大喜，留下了他，这位农夫娶了俊秀女子为妻。对农民来说，最美的不过春雨，因为它关系着全年的收成啊！在农夫的眼里，实惠为美！审美既有客观性，也有主观的感受。

美，象形兼会意字。

甲骨文为，从形体看，像一个正面站立的人，头上有羽毛或羊角样的头饰，表示形貌好看。

金文为，头上的饰物更为复杂。

篆文为，由金文演变而来。"大"表示两脚张开顶天立地的男子汉，指身强力壮的男子。在古代社会，以体力劳动为主，强壮的男子就是一种"美"。美的本义指漂亮、好看。如"美目盼兮"。

《说文·羊部》："美，甘也。从羊，从大。羊在六畜主给膳也。美与善同意。"许慎认为羊是古人主要的肉食，味道甘美，是引申义。后又引申为好和善，赞美、美丽等义，如"天下皆知美之为美，斯恶矣"。个人的美有外貌美和内在美，社会美有自然美和人文美。我们用"美不胜收"来形容美好的东西太多，一时来不及欣赏，用"美轮美奂"形容高大华美，用"美食甘寝"形容生活安逸，用"美意延年"谓心情舒畅，可延长寿命，用"美如冠玉"谓秀美如帽上之饰玉，用"美衣玉食"形容衣食奢华，用"美玉无瑕"比喻完美无缺。

雅，形声字，从隹，牙声。鸟类通常没有牙齿，且鸣叫时上下喙只是微微开启，样子很优雅，故"雅"以雀鸟之牙明其意。《说文·隹部》："雅，楚乌也……秦谓之雅。"

，籀文。即牙，是"呀"的省略，表示惊叹；即隹，表示鸟羽。意思是为鸟羽惊叹。

，篆文。承续籀文字形。造字本义：令人惊叹的艳丽羽毛。

"雅"的本义大多不用了，现引申为下面的几个意思：一是指《诗经》中配以雅正的诗篇，如大雅、小雅。《诗经》中的内容分为三大类，分别是《风》《雅》《颂》。《风》的内容大多来自民间，《雅》《颂》与道德、政治、教化紧密相关。二是指中正，如"子所雅言，《诗》、《书》、执礼，皆雅言也"。三是指高尚，不粗俗。四是指敬辞，如"敬请雅正"。五是指平素，如素雅。"雅"是中国古代审美体系中与"俗"相对的一个审美范畴，我们常常把"阳春白雪"的作品称为高雅的艺术。人们认为太雅了会"曲高和寡"，但太俗了则会低级下流，最好的作品是要"雅俗共赏"。

　　真、善、美是人类社会所追求的理想境界，于是，与之相适应的有智育、德育和美育，这"三育"是培养人的三种基本内容，审美能力体现了一个人的文化艺术修养。

　　美，也是每个人所向往的东西，美食、美衣、美貌、美心是人们梦寐以求的东西。

　　雅是中国文人艺术精神的生命之本，也是一个社会文明程度的标志，如果人人举止优雅，那么这个社会就会是一个高贵的社会。"美雅"二字揭示了人的追求、志趣和境界。

　　美雅，既是文化艺术所追求的境界，也是一个人提高艺术修养所追求的内容。"真善美"是人类共同的追求，"美"不但是每个人向往的东西，更是一个民族复兴的精神和希望所在。第二次世界大战刚结束，欧洲到处都是废墟。有两个美国人去访问一户住在地下室的居民，离开那里时，两人作了如下对话，甲："你看他们能重建家园吗？"乙："一定能。"甲："你为什么这么肯定？"乙："你看到他们家桌上放着什么？"甲："一瓶鲜花。"乙："对，任何一个民族，处在这样困境，还没有忘记美，欣赏美，那就一定能在废墟上重建家园。"善于发现美，懂得欣赏美，主动感受美，学会创造美，不但使个人美起来，而且也会让社会美好起来。

"美雅"发端于人的感官的愉悦性

"美"字，从"羊"从"大"，"大羊"为美。甲骨文、金文表现的是羊体肥毛密。肥大的羊，引发了一享口福的欲望，这是味觉的。强壮的羊，表现了生命力的旺盛，这是视觉的。浓密的羊毛，表现了形体的可爱，这是触觉的。人正是通过味、嗅、视、听、触五觉，进行美的观赏和美的享受。《孟子·尽心下》"口之于味也，目之于色也，耳之于声也，鼻之于臭也，四肢之于安佚也，性也。有命焉，君子不谓性也。"这就是说，人的本性就是口好美味、目好美色，耳好五音，鼻喜芳香，四肢欲安佚。追求"美"是人的本性、本能，自然而然的要求。美起源于味觉的官能的美的感情——肉体的快感和愉悦感，同时，向其他的感觉推移。我们经常看到的美景美人，听到的美乐，吃到的美味，触摸到的美物，都是以人的五官感觉开始。

"民以食为天"，中国人对"美"的体验首先是从味觉开始的。《说文·羊部》曰："美，甘也。"清代段玉裁注曰："甘者，五味之一，而五味之美皆曰甘。"古代称甘、酸、苦、辛、咸为"五味"，甘甜的味觉体验显然最受人们喜爱，故以甘为"美"。古人对于舌尖上的美味，可谓大有心得！

在生产力尚未发达的上古社会，羊是常见的畜产，是祭祀等活动中的常见物品，也是日常生活中的主要副食品。肥壮的羊肉质佳、易烹调，吃起来非常美味，所以称之为"美"，而且引申为，凡好皆谓之美。这体现了古人对丰裕的物质条件的追求，也反映出人们在味觉上的审美心理。

"美"是独特的视觉感受。从字形上看，"羊""大"合而为"美"，五代徐铉解释说："羊大则美。"古人以体积较大的羊为美。这说明中国传统审美观念注重一种大为美的视觉体验。

人们赞美大自然中的大美物象，孔子曾说自己"登东山而小鲁，登泰山而小天下"；庄子在《逍遥游》中想象出其身之大

"不知其几千里也"的大鲲、大鹏；唐代诗人王维描绘了"大漠孤烟直，长河落日圆"的塞上美景；明代的陈白沙欣赏"鸢飞鱼跃"的自由美好的画面。

中国四大美女西施、王昭君、貂蝉、杨玉环，分别有"沉鱼""落雁""闭月""羞花"之貌，可谓美至极致。这种"美"是通过人的视觉去获得的。

西施有"沉鱼"之貌。西施是个浣纱的女子，她在河边浣纱时，清澈的河水映照她俊俏的身影，使她显得更加美丽。传说西施在溪边浣纱时，水中的鱼儿觉得西施太美丽了，都惭愧地沉到水底不敢出来。她又擅长舞蹈，当她在"响屐廊"上翩翩起舞时，木屐在地板上踱步时，脚下就会发出有节奏的"叮叮嗒嗒"的回声，裙边的小铃铛也会跟着响起"叮叮当当"清脆悦耳的声音，加上她的美貌和优美的舞姿，迷倒了吴王。

昭君有"落雁"之貌。传说昭君远嫁匈奴的路上，听到马嘶雁鸣，悲切之感，心绪难平，她在坐骑之上，拨动琴弦，奏起悲壮的离别之曲。南飞的大雁听到这悦耳的琴声，看到马上这个美丽的女子，忘记扇动翅膀，跌落地下。从此，昭君就得来"落雁"的美称。

貂蝉有"闭月"之貌。传说她午夜拜月，月里嫦娥自愧不如，匆匆隐入云中；身姿俏美，细耳碧环，行时风摆杨柳，静时文雅有余。《三国演义》作者罗贯中用两首诗词来赞叹貂蝉的歌舞双绝，其一曰："原是昭阳宫里人，惊鸿宛转掌中身，只疑飞过洞庭春。按彻梁州莲步稳，好花风袅一枝新，画堂香暖不胜春。"

杨玉环有"羞花"之貌。传说杨玉环初入宫时，因见不到君王而终日愁眉不展。有一次，她和宫女们一起到宫苑赏花，无意中碰着了含羞草，草的叶子立即卷了起来。宫女们都说这是杨玉环的美貌，使得花草自惭形秽，羞得抬不起头来。唐玄宗听说宫中有个"羞花的美人"，立即召见，封为贵妃。

"美雅"升华为大善、大义的崇高美

美虽然是对色、味、触的感受，但在这种表面现象的背后，潜藏着人们对生命本源的追溯，强烈的憧憬、思慕，也就是从感受的享受上升为精神的享受，心灵的愉悦，追求的是一种崇高美。这种美，在汉字中基本体现为"善"和"义"。

首先是大善为美。美是羊字头。羊性格温顺，有跪乳之孝行，只食草不杀生的仁慈，全身之宝奉献给人类的美德。美为"大"和"善"的组合，意为大善为美，强调美丽源于内心的善良，并长久不衰。孔子把美作为德的重要组成部分。有一次，颜回跟孔子游山，同子路、子贡辩论着各人的志愿，颜回说："我愿意遇见贤明的君王，帮他处理一切政务。教化做父亲的训子有方，做母亲的要慈爱，做哥哥的要友爱，做弟弟的要恭谨，做儿子的要孝顺，并用礼乐去化导人民，叫百姓们不用修理城郭，也不必掘深沟池，家里人没有离散的忧愁，过了千百年也没有战争的患难，这样说来，子路的勇敢没有地方可用，子贡的口才也没有地方可施展了。"孔子听了这番话，很佩服地说："颜回的道德是何等美满啊！不费钱财，不害百姓，不劳口舌。"孔子主张成人之美，助人为乐。《论语·颜渊》："君子成人之美，不成人之恶；小人反是。"意思是说，君子成全别人的好事，而不助长别人的恶处；小人则与此相反。君子成人之美，这是因为有与人为善的情怀，把别人的成功当作自己的成功，把别人的快乐当作自己的快乐。

印度国父甘地有一次外出，在火车即将启动的时候，他匆匆地踏上车门，不小心脚被车门夹了一下，鞋子掉在车门外。这时火车启动了，他毫不犹豫地将另外一只鞋脱下来也扔出了车窗。有人不解地问他："为什么您要把另一只鞋也丢掉？"甘地说："如果一个穷人正好从铁路旁经过，他就能得到一双鞋。"

这种成人之美就是一种善良的内在体现，自然就是一种美德、美行。孔子主张与人为善，乐以忘忧，直道而行，要学会诗、书、礼、乐、艺，他对美的内涵的理解，包括了心灵美、语言美、行为美、环境美，特别讲到仁、善是最重要的美德。一个人的善心和善举，符合天道和人性，因此，我们把仁、义、礼、智、勇、忠、孝的人都称为"最美的人"。有一个故事，讲的是"美"要内外兼修。

从前，有三个小姑娘外出游玩，在路上把一位受伤的老婆婆搀扶回到了桃花村。临别时，老婆婆拿出三朵鲜艳的桃花，送给每人一朵，并说道："它可以满足你们每个人爱美的心愿。"爱打扮的小姑娘希望有一套最华美的衣裙，爱漂亮的小姑娘希望有一张最动人的面容，最小的那个小姑娘希望有一个最美好的心灵。三个小姑娘刚说完，果然都如愿以偿。四十年后，老婆婆去探访当年的三个小姑娘，看到三个不同的结局：爱打扮的姑娘如今穿着破旧的衣裙，爱漂亮的姑娘如今脸上布满了皱纹，只有第三个姑娘脸上洋溢着幸福的微笑——因为她的心中充满爱，一直在帮助别人。

这个故事告诉我们：美的真谛在于内心的丰盈，真的美不但能令自己快乐，也能给别人快乐。任何一种外在美，都抵挡不住岁月的侵袭，终究会消逝，而心灵的美则是永存的。

其次是大义为美。义的繁体字是"義"，也是美之头。历史上凡忠义之士，常为人所钦佩和爱戴，也被称为最美的人，如关羽千里走单骑等。东汉时，有个叫荀巨伯的人去探望生病的朋友，正赶上胡贼围攻朋友所在的城池。城中人纷纷离城逃命，荀巨伯为了照顾朋友留了下来。朋友劝荀巨伯赶快离开，荀巨伯说："我岂能败坏义而离开以求活命呢？这不是我荀巨伯的行为！"贼兵闯进来见到荀巨伯，问他为什么不逃，荀巨伯说："朋友染重病，我不忍心丢下他，我愿用我的命换他一命。"贼兵大惭，说道："我们这些没有道义的人，却闯入有道义的国土！"于是，胡贼从城中撤军。由此可见，只要拥有一颗仁义之心，便具有浩然正气，无所畏惧，同时也会得到别人的倾慕和尊重。

"美雅"表现为脱离低俗，远离庸俗，告别陋俗

"雅"字有"隹"，"隹"古义为高峻。在"售"字里，"隹"的意思是"高"；在"淮"字里，"隹"的意思是精；在"锥"字里，"隹"的意思是"尖"。故"隹"的引申义为高、精、尖。这些字皆与低俗相对，故"雅"就是要脱离低俗，追求高雅。

高雅并非指奢侈。其实奢侈并不等同于雅，还容易流于俗。高雅的人，是指品行高尚，脱离低级趣味，不为世俗物欲所驱，心超然于追名逐利的俗流之外。

有人认为科学家成天坐在实验室里摆弄机器，计算数据，他们的生活会很单调，性格也很孤僻。其实，不少科学家都能把个人生活安排得非常丰富多彩，充满生气。例如爱因斯坦在学习或工作十分紧张的情况下，仍会抽空参加多种文体活动，他尤其喜欢爬山、骑车、散步等体育活动。有人形容他工作时的劲头"简直像个疯子，似乎有使不完的精力"。一位伟人说过：不会休息的人，就不会工作。爱因斯坦这种充沛的工作精力，正是来自他高雅的生活情趣。正是这种懂得生活的情趣，才使他既得到了合理休息，又锻炼了大脑。

"美雅"表现为调和、匀称的形态美

从形态上看，中和为美。"美"从形式上看，左右对称，上下对称，具有结构美，体现了中国传统的审美要求和核心思想。

孔子认为，凡合于仁德者为善，表现善和中庸者为美，即内善外和。"中和"的审美思想体现在对阴阳平衡、虚实协调的认识中，虚中有实，实中见虚，虚实相间，若隐若现，似有若无，这种虚实相间、追求和谐美的意识贯穿于我国历代的诗歌、绘画、书法、戏曲、音乐、园林、建筑等不同艺术形式中，从而形成了我国独特的审美风格。

北宋名画《清明上河图》，全卷画由生动的小场面组成严谨的大结构，串联衔接如行云流水，十分巧妙自然。虹桥局部是全卷的中心，虹桥之右，河流迂回，若隐若现，树木参差，疏密有间，是为前奏；虹桥之左，城楼宏伟，屋宇连片，街市繁华，百业兴旺，是为主题。左右两段围绕中心，首尾呼应，全卷浑然一体。再如故宫，是我国也是世界上保存最完整、规模最大的古代皇宫建筑群，其整体建筑的比例和谐，令人赞叹，整个建筑群以高大的太和殿为中心由南向北伸展，每座建筑物又都是在由南到北的中轴线上展开。正是通过空间、形体、比例、均衡、节奏、色彩、装饰等多种因素的协调统一，才形成了故宫建筑艺术特有的空间造型美，集中体现了我国古代建筑艺术的优秀传统和独特风格，这些都是中和之美在我国传统艺术上的生动体现。

汉字之"美"以大善大义为内在之美，中和协调为外在之美。汉字之"美"的形态，温文尔雅，文质彬彬是优美；豪放雄健，奔腾激荡是壮美；恬静端庄，温和轻松是柔美。

汉字之"美"与真、善是一个统一体，文以真为质，以善为本，以美为形，构成有机的整体。

各美其美，美人之美，美美与共，天下大同。

——费孝通

　　这几句话是著名社会学家费孝通先生说的。首先，要尊重、保障、弘扬独特之美，每一个民族、地方都有其独特的东西，这种"个性"的美是别人所无法取代的，应该给予保护；其次，要美人之美，要有成人之美，各美其美往往比较容易做到，而美人之美，则要有宽广的胸怀，以包容、宽容的态度去对待；再次，就是虚怀若谷、取长补短、借鉴学习、多元一体、共建共享，共建一个美好的社会。

诗歌

言志言情，用心咏唱

　　历史上有一个"五步成诗"的典故：史青是唐代开元年间的一名书生，据说，他认为曹植"七步成诗"不值得夸耀，并上书唐明皇，说曹植走七步才吟成一诗，太慢了，自己只需走五步就行了。唐明皇感到很惊讶，就召见他，以《除夜》为题面试。史青果真厉害，应声便吟诵出一首五律：

今岁今宵尽，明年明日催。寒随一夜去，春逐五更来。

气色空中改，容颜暗里回。风光人不觉，已著后园梅。

　　历来人们总把梅花与春天的到来联系在一起，该诗以春天的风光"入"了梅花作结，说人们能够从梅花枝头去欣赏美丽的春光，写得颇为出色。唐明皇见史青果然诗才过人，也颇为惜才，给他封了官，留下诗史上一段佳话。

诗，形声字。

篆文𧮫，从言，从寺。

隶变后楷书写作"詩"，如今简化为"诗"。《说文·言部》："诗，志也。从言，寺声。"意思是说，诗，用言语表达心声的一种文学体裁。"诗"的本义是一种文学体裁，通过精练而有节奏、富于韵律的语言来反映社会生活、抒发个人情感。与诗相关的词有：诗筒（装诗稿的竹筒）；诗瓢（放诗稿的瓢勺）；诗友（以诗词唱和的朋友）；诗虎（做成诗句的灯谜）；诗流（诗的流别系统）；诗案（因诗获罪的案件）；诗眼（诗句中最为传神的一个字）；诗债（指向他人乞诗或索和未及酬答）；诗传（诗集）；诗狱（因诗篇的内容为言官所检举而引发的文字狱）。中国最早的诗集是《诗经》，第一位伟大的爱国诗人是屈原，他以《离骚》表达了对祖国和人民的深深热爱。"路曼曼其修远兮，吾将上下而求索"，表达了中华民族孜孜求索、不断创新的精神。"诗仙"李白以"斗酒诗百篇"征服了千千万万的人；"诗圣"杜甫以"感时花溅泪，恨别鸟惊心"的忧思情怀感动了无数人；"诗鬼"李贺"黑云压城城欲摧，甲光向日金鳞开"的诗句触目惊心、让人震撼。

歌，形声字。《说文·欠部》曰："歌，詠也。"其本义是歌唱、吟咏。《说文系传》解释说："歌者，长引其声以诵之也。"表示动作，后来也指能够歌唱的文辞。

诗歌是中国传统文化的一种艺术形式，唐诗宋词是我国诗歌发展的一个巅峰。"诗歌"两字揭示了诗歌的内涵以及如何进行创作。

"诗歌"是语言的艺术

诗，从言，言什么呢？《尚书·尧典》："诗言志，歌永言。"诗乃文学之祖，艺术之根。"诗者，感其况而述其心，发乎情而施乎艺也"。诗是一种阐述心灵的文学体裁，孔子认为，诗具有兴、观、群、怨四种作用。陆机则认为："诗缘情而绮靡"。在古代，不合乐的称为诗，合乐的称为歌。广义的诗，是自然美、艺术美和人生美的代名词，是人类观照世界的一种方式，是人的灵魂逃逸现实后的栖息方式。可以说一切艺术都是诗：音乐是在时间坐标上流动的诗，绘画、雕塑是二维或三维空间里具象的诗，建筑是对空间进行格式化的诗，舞蹈是人的形体语言在时间和空间一同展开的诗，散文、小说是无韵的诗。

"诗言志"在不同时代有不同的说法。孔子时代的"志"主要是指政治抱负，而庄子"诗以道志"的"志"则是指一般意义上人的思想、意愿和感情。《离骚》中所说"屈心而抑志"，"抑志而弭节"，这个"志"的内容虽仍然以屈原的政治理想抱负为主，但显然也包括了因政治理想抱负不能实现而产生的愤激之情及对谗佞小人的痛恨之情在内。到汉代，人们对"诗言志"的认识趋于明确，即"诗是抒发人的思想感情的，是人的心灵世界的呈现"。《毛诗序》说："诗者，志之所之也，在心为志，发言为诗，情动于中而形于言。"情志并提，两相联系，比较中肯而客观。

毛泽东十三岁时在家乡韶山牛湾里的一所私塾读书，他不甘封闭式教育的束缚，尤其对呆板、死记硬背的学习方法深感不满。一次，先生有事外出，走前再三叮嘱学生们要老老实实地读书，不许随便走出私塾。先生刚走，毛泽东就跑到私塾后的小山上痛快地玩了一阵儿。先生回来见毛泽东满脸是汗，衣服上也有泥土，就生气地问他是不是出去玩了。毛泽东站起来坦然承认，并愿意接受惩罚。先生朝天井里看了看，说："这次我不打你戒尺，也不罚你背书，就让你以'天井'为题作一首诗，你要作不出，可别怪我无情。"毛泽东听了，走到院子里，略一沉思，脱口而出："天井四四方，周围是高墙。清清见卵石，小鱼圈中央。只喝井里水，永远养不长。"先生听了，忍不住点头称好，他知道自己这个学生眼光深远，怕是留不住了。不久，毛泽东果然远去长沙求学了。

一首看似简单的五言诗，充分显示了少年毛泽东的敏锐才思。特别是"只喝井里水，永远养不长"两句，把毛泽东从小就志存高远、不甘平庸、摆脱束缚的思想表达得淋漓尽致，令人叹服。

"诗歌"是充满禅意的文字

诗，从言，从寺，意为诗言如寺，寺为神灵的住所。"诗三百首，一言以蔽之，思无邪"，不能有邪念。《诗经》分为《风》《雅》《颂》三部分，《风》是各地的民歌，《雅》多是贵族祭祀的诗歌，《颂》是宗庙祭祀的诗歌。诗与寺庙关系密切，特别在唐代，诗人用诗描绘佛教寺院的多彩世界。诗人与禅僧交往是一种很时髦的事，像唐代的王维、韦应物、刘禹锡、颜真卿、权德舆，宋代的苏轼、黄庭坚等人，都与禅僧过从甚密，他们都是禅的爱好者，有的甚至是忠实信奉者，所写的诗染着浓厚的禅味。杜甫是"一饭未曾忘君恩"的典型儒家诗人，但他也说过："余亦师粲可，身犹缚禅寂。"韩愈是个排佛很激烈的人，但他后来也和禅僧交往起来，可见禅宗对当时诗人的吸引力。再从禅僧方面来看，由于禅宗扫除了种种戒律和坐禅仪式，他们也就有充裕的时间去与公卿文士交往，诗歌唱和。唐代的灵一、清江、皎然、灵澈，五代的贯休、齐己，宋代的惠崇、参寥、洪觉范等都是著名的诗僧。

此外，在禅家内部的参禅悟法的功课中，诗歌也是很重要的工具，祖师开示机缘，门徒表达悟境，往往离不开诗。许多禅诗充满着人生智慧。如"手把青秧插满田，低头便见水中天。六根清净方为道，退步原来是向前。"这首诗讲有时退实为进。

憨山大师的《醒世歌》："红尘白浪两茫茫，忍辱柔和是妙方；到处随缘延岁月，终身安分度时光。……休得争强来斗胜，百年浑是戏文场；顷刻一声锣鼓歇，不知何处是家乡。"诗是何等的洒脱。六世达赖喇嘛仓央嘉措的《见与不见》，那是一颗慧心在吟唱："你见，或者不见我，我就在那里，不悲不喜。你念，或者不念我，情就在那里，不来不去。你爱，或者不爱我，爱就在那里，不增不减。你跟，或者不跟我，我的手就在你的手里，不舍不弃。来我怀里，或者，让我住进你的心里。默然，相爱，寂静，欢喜。"

"诗歌"是遵守格律的语言

诗言如寺，寺以寸土记时，寸土寸金，诗以分寸从言，形有格律，音有韵律。这就是说，诗是一种遵守一定章法和规矩，有固定格式的语言。诗有四言诗、五言诗、七言诗、杂言诗等。四言诗是古代产生最早的一种诗体，《诗经》以四言诗为基本体裁。春秋以后，四言诗逐渐衰落，但仍有不少诗人写作，三国时的曹操即是大家，其《龟虽寿》"老骥伏枥，志在千里。烈士暮年，壮心不已"，至今吟诵不绝。汉代以后，五言诗日趋成熟，成为古典诗歌的主要形式之一。五言诗扩展了诗歌的容量，能够更灵活细致地抒情和叙事。在音节上，奇偶相配，也更富于音乐美。《古诗十九首》是五言诗的典范，被誉为"五言之冠冕"，有描写爱情的，"迢迢牵牛星，皎皎河汉女……盈盈一水间，脉脉不得语"，有感叹人生的，如"生年不满百，常怀千岁忧。昼短苦夜长，何不秉烛游"。七言诗包括七言古诗（简称"七古"）、七言律诗（简称"七律"）和七言绝句（简称"七绝"），在唐代进入全盛期，现存最早的文人七言诗为曹丕的《燕歌行》，在清人蘅塘退士所编的《唐诗三百首》中，七言诗占了大半，所录最后一首《金缕衣》"劝君莫惜金缕衣，劝君惜取少年时。花开堪折直须折，莫待无花空折枝"，据说是中唐时的一首流行歌词，可见唐代诗风之盛。杂言诗，顾名思义，因诗中句子字数长短间杂而得名，最短仅有一字，长句有达九、十字以上者，以三、四、五、七字相间者为多。凡是以情致或气势胜的诗人，对于杂言诗都有极大的偏爱，例如李白的《将进酒》，"君不见，黄河之水天上来，奔流到海不复回……五花马，千金裘，呼儿将出换美酒，与尔同销万古愁"，气势何等磅礴！

香菱跟林黛玉学诗是《红楼梦》中的有趣故事。香菱在大观园里的地位低于小姐而高于丫头，她渴望充实的精神生活。香菱学诗，不畏艰难，日夜苦吟，并在林黛玉、薛宝钗的点拨下，终于进入到诗的殿堂。《红楼梦》中香菱学诗一共三首，即《吟月三首》，这三首诗就体现了她不断成熟的一个过程。

《吟月三首》之一：

> 月挂中天夜色寒，清光皎皎影团团。
> 诗人助兴常思玩，野客添愁不忍观。
> 翡翠楼边悬玉镜，珍珠帘外挂冰盘。
> 良宵何用烧银烛，晴彩辉煌映画栏。

这首诗单纯地写景，每一句都在写月亮的亮。除了月还是月，除了亮还是亮，没有人的主观情感在里面。所以，诗要有景有情，既要做到客观与主观的统一，更要达到从感性到理性的升华，没有情感没有好诗！

下边就看第二首：

> 非银非水映窗寒，试看晴空护玉盘。
> 淡淡梅花香欲染，丝丝柳带露初干。
> 只疑残粉涂金砌，恍若轻霜抹玉栏。
> 梦醒西楼人迹绝，馀容犹可隔帘看。

有没有人的意象在里边呢？这里边有，有人的影子在里边了，有了人，诗活起来了，物象、意象都有体现，因为人是最鲜活的东西。但这首没取得更大的成功，原因在于主题思想不够活、不够深化，诗道得到遵循，诗心没有提炼！

我们欣赏第三首：

> 精华欲掩料应难，影自娟娟魄自寒。
> 一片砧敲千里白，半轮鸡唱五更残。
> 绿蓑江上秋闻笛，红袖楼头夜倚栏。
> 博得嫦娥应借问，缘何不使永团圆？

从律诗角度看：颈联和颔联这两联，四句对仗是非常工整的："一片"对"半轮"，"千里白"对"五更残"。下一句呢："绿蓑江上"对"红袖楼头"，"秋闻笛"对"夜倚栏"，对仗很工稳。回头看首句"精华欲掩料应难"，月亮的精华，乌云是盖不住的，她一定会冲破乌云，和我香菱一样埋没不了。第二句讲"影自娟娟魄自寒"，一个魄字很传神，月亮叫月魄，而寒字把前句承得非常完美。其收句和好多乐府民歌结尾是很相似的。就很像《迢迢牵牛星》的结尾："盈盈一水间，脉脉不得语。"都是写月亮，写银河，然后质问为什么造成了人间这种永久的别离？还如东坡名句"但愿人长久，千里共婵娟"，也有这些意味。"缘何不使永团圆"这个意蕴，是站在了前人"肩上"，对古诗意蕴的化用是很好的。一首佳作便完成了：它是不断学习与借鉴而取得成功的，达到了格律与意境的统一，是客观与主观的统一，感性与理性的统一，是诗心与诗道的统一。

人生如诗。壮阔的人生如史诗，旷达的人生如自由诗，严谨的人生如格律诗，曲折的人生如抒情诗……我们无悔地走完人生，便是写下了独一无二的精彩诗篇。

"诗歌"是作者心声的表达

"歌"字从"口""欠"。"欠"的本义与人的气息吐纳有关,如"饮""吹"等字的"欠",都像一个人合拢着嘴唇用力呼气或吸气的样子。"歌"亦是通过人嘴所发出的气体运动,表达个人内心的情感。古人在评价音乐的时候说,"丝不如竹,竹不如肉",意谓凭借丝竹乐器发出的声音,不如人声咏唱的歌曲。正所谓歌为心声,人因内心有所感动而咏唱成声,是自然而然的过程,歌声是人类情感最直接的表达。

"歌"字的"哥"是声部,也有表意的作用。今日的"哥"字多用作兄长之意,而其本义并非如此。《说文解字》解释"哥":"声也。"这说明此字最初的内涵即与音乐有关。"哥"从两个"可",可者,肯也。这说明,人的歌声的发出,乃是在实现一种表达欲。人们因内心有所触动,并遵循自我的意愿,向外界发出声音。

歌从口中出,实为心中声。有欢歌——明代文学家袁宏道在《满井游记》中描述自己春游满井时的场景,"泉而茗者,罍而歌者,红装而蹇者,亦时时有"。这里虽然游人稀少,但是亲近大自然的人们饮茶、唱歌,怡然自乐。这是人与自然交感而生的欢歌。有悲歌——战国末年,荆轲要去刺杀秦王,人们送他至易水之上,义士高渐离击筑,荆轲相和而歌:"风萧萧兮易水寒,壮士一去兮不复还!"声音高亢慷慨,众人听了,皆为之瞋目。这是燕赵之士的感慨悲歌。有恋歌——春秋时候,楚国的鄂君子皙想坐船出游,一位越人前来拜谒,并用越地的方言唱起了歌,歌声悠扬缠绵,委婉动听。鄂君命人将越人的歌词翻译成楚国的语言:"今夕何夕兮,搴舟中流。今日何日兮,得与王子同舟。蒙羞被好兮,不訾诟耻,心几烦而不绝兮,知得王子。山有木兮木有枝,心悦君兮君不知。"越人唱出了一首深沉真挚的恋歌。

有情歌——"关关雎鸠，在河之洲。窈窕淑女，君子好逑。"《诗经·关雎》用兴起的艺术手法，描写了青年男子思恋少女的辗转反复之情。这是一首至今依然广为传颂的古老情歌。

"诗歌"以言志

《说文解字》将"歌""詠"二字互训，说明二字意义相通。"歌咏"往往合而言之，这亦往往成为人们表达志向的一种方式。

有一次，孔子与众弟子谈论时，曾皙谈到了自己的志向："莫春者，春服既成。冠者五六人，童子六七人，浴乎沂，风乎舞雩，咏而归。"这里的"咏"，即咏唱之义。曾皙说，自己的志向是在暮春时候，春天的衣服已穿好了，自己可以偕同几个同道中人，在沂水中洗洗澡，在舞雩坛上吹吹风，然后一起唱着歌儿走回来。孔子听了曾皙的话，赞赏不已。"咏而归"的画面，正表达出了太平社会之缩影和快乐人生的境界。

战国时期，齐人冯谖给当时的孟尝君当门客。孟尝君门客众多，冯谖也没有寸功，所以不受重视。于是，冯谖弹铗而歌："长铗归来乎！食无鱼！"他故意让孟尝君听到他的歌声，那是在抱怨自己不受优待，吃饭的案几上没有鱼肉。孟尝君听了，便让他与那些受优待的门客一样有鱼吃。后来，冯谖又埋怨道："长铗归来乎！出无车！"孟尝君又一次大度地优待了他，让他和其他门客一样有车坐。后来，孟尝君有难，其他门客皆作鸟兽散，唯独冯谖挺身而出，帮他逃过了劫难。弹剑作歌，是冯谖向孟尝君表达志向的方式，他的志向，当然不仅仅是食鱼、乘车，而是为主尽忠、为君分忧。

诗词歌赋等古代文学形式，最初往往是通过歌咏的方式表达出来。故而古时候的"歌行"等文体，往往有"歌以咏志"的说法。具有音乐性的歌咏成了作者表达自身志向的重要方式。《诗经》是上古时期重要的诗歌文献，诗三百中常见"比兴"等修辞手段，亦即"先言他物以引起所咏之辞"，这也是一种托物言志。又，在诗词作品中，往往出现咏物诗、咏物词等，诗词作者通过歌咏某种事物来表明心迹，以表达自己的人生态度和生活感悟。

故诗有三义焉：一曰兴，二曰比，三曰赋。文已尽而意有余，兴也；因物喻志，比也；直书其事，寓言写物，赋也。

——钟嵘《诗品》

　　《诗品》是我国古代第一部诗论专著，为南朝钟嵘所撰。在这里他认为诗有三种表现方法：一叫"兴"，二叫"比"，三叫"赋"。文辞已经完了意思还有余，是"兴"；借物来比喻情志，是"比"；直接描写事实，写物而寓意于言，是"赋"。"兴、比、赋"是诗的基本表现手法。"兴"，就是兴起，凡举草木鸟兽等物，表达心意情致的，都是兴。兴，也是起兴和发端，一般在一首诗的开头，或用来比喻和象征某种事理，或烘托气氛，起到发端定韵、舒缓语气的作用。"比"，是譬喻，对事物加以形象的比喻，使其特征更加突出、鲜明，常见的有明喻和暗喻。"兴"与"比"都是借助"物象"来表达情感，故古人把它们连用叫"比兴"。"赋"，是直接写景抒情，铺写诗歌的内容。在诗歌创作中，兴、比、赋是综合运用的，通常兴在首，然后才是比、赋。

执笔书写，画表心声

博尔赫斯晚年双目失明，不良于行，但他最喜欢的去处是图书馆。他说，我一生受到过许许多多不相称的荣誉，但是有一个我却特别喜欢：国立图书馆馆长。他喜欢问图书管理员，有多少册书？回答说是一百万。其实准确到零头只有九十多万。他说，够了，足够了。九十万听上去比一百万还要多：九百个千，不像一百万一下子就说完了。他把自己失明的过程比喻为缓慢的黄昏，而图书馆的岁月，就是这个黄昏沉入黑暗的一刻。他写了首《关于天赐的诗》：上帝同时给了我书籍和黑夜。……很多的书和夜晚，却不能读这些书。没有关系，他一点儿也不悲伤，他听书。"我想，我已经丢失了视觉世界，但是现在我将收回另一个世界，一个属于我遥远的长辈的世界。"他坐拥书城，像听风者，用弥尔顿的十四行诗来形容，"在这个黑暗而辽阔的世界"。

书，会意字。

甲骨文为𦘒，上边是手持笔的形象，下部的"口"表示书写之物，会手持刀笔在器物上刻画之意。

金文为𦘒，上部为"聿"字，下部变成了"者"字，楷书为"書"，简化汉字后为"书"。

《说文解字》："书，箸也。从聿，者声。"书的本义即为著写、记载。《墨子·尚贤》："书之竹帛。"意思是说把字写在竹和帛上。随着书写工具的变迁，书已经有纸质和电子之分。书意为用笔写的方式将人类的思想、知识记录下来。

画，会意兼指事字。

甲骨文为𦘒，上边从聿，手持笔的形状，下边是画出的图形，表示手持笔画图之意。

金文为𦘒，以"周"𦘒（田界）代"口"𦘒（地域），明确了"画"的"划界"含义。

篆文为畫，在"田"𦘒的四周加"边界"𦘒。

画的繁体字为"畫"。

《说文解字》："画，界也。象田四界，所以画之。"画的引申义为绘画，如"画龙点睛""画饼充饥""画虎类犬"，本义为描绘地图，显示地界，如"画地为牢""画地而趋"，指画定某处，使人只限于此范围内进退，比喻苦于被礼法拘束。画还有比画之意，如"指手画脚"，形容轻率地对人进行批评、指点或者胡乱发号施令。绘画，是文人四技之一，也是中华优秀传统文化的代表之一，画已经成为人们所追捧的收藏品和艺术品。画字以其形、意、音传达了作画的工具，作画的要诀以及品画的情趣。

"书画"以笔为工具

"聿"为"笔"的本体，是写绘工具。笔、墨、纸、砚被称为"文房四宝"。在中国最为有名的是湖笔、徽墨、宣纸、端砚。湖笔最大的优点是"尖、齐、圆、健"，人们把它称为湖笔的四德。尖是笔毫有锋芒，即使饱含了墨汁，笔锋仍是尖形；齐是说把笔头铺开来，内外的毛长短一样；圆是指选毛纯净，经绑扎后，笔头圆浑匀称；健是说笔富于韧性，有弹力。要作好画，须有好笔。

"书画"是黑暗中的火炬

"书"繁体的下部是一个"曰"字，象征着书是茫茫大海中的灯塔。"曰"是太阳，是光明，是能量，是朝气。"书"承载着知识，也记录着真理。人类的文明进步是通过书把知识和真理记录下来，传承下去的。人类思想和心灵最常见的载体，就是书籍。"书"可以去除愚昧，照亮人的心灵，人生有限，人的感知有限，人的身体所经历的时空有限，但是，因为有了书，人的心灵、人的思想可以是无限的。如《易经》讲述了人类社会简易、变易、不易的社会辩证法。《论语》告诉我们要用"仁、义、礼、智、信"，处理好人与人之间的关系。学好《论语》，不但能修身齐家，还能治国平天下。北宋时期，宰相赵普读书不多，宋太宗有一次和赵普闲聊，问道："有人说你只读一部《论语》，这是真的吗？"赵普老老实实地回答说："臣平生所知，诚不出此，昔以其半辅太祖（赵匡胤）定天下，今欲以其半辅陛下致太平。"史称"半部《论语》治天下"。

书滋润了我们的心灵，丰富了我们的智慧，当然也带给我们幸福和快乐。读一本好书，就如同和一位智者对话，是一次愉悦的精神之旅。对笔者来说，周六周日，一杯清茶，读一本好书，再伴随一段音乐，就是一天之中最快乐的时光和最美好的享受。

"书画"须追求独一的风格

　　繁、简体的"画"字都有一个"一"字。这个"一"字，从技法上看，是指绘画是线条的艺术，用线条构图、造景、写意，以线条造型；从创作的态度看，是专一、专心致志，进入创作状态时是物我两忘；从作品所追求的风格看，是独一无二。绘画，要有师承，但也要形成自己独特的风格。宋代郭熙说："兼收并览，广议博考，以使我自成一家。"意思是说博览前人作品，为我所用，以形成自己的风格。清代画家沈宗骞说："初则依门傍户，后则自立门户。"这就是说开始时师承前人的法度，后则创立自己的风格。许多名家之所以能成为大师，在于有自己独特的风格。"扬州八怪"之一郑板桥可以说是一个代表，他在绘画上"自出己意"，发挥个性，"不仙不佛不贤圣，笔墨之外有主张。"他最工兰竹，尤其爱描绘"乱如蓬"的山中野兰，"咬定青山"的破岩，他所画的作品自有一种"竹劲兰芳性自然""飘飘远在碧云端"的凌云灵性，他的书法，以画法入笔，杂有篆、隶、行、楷，自称"六分半"，飘洒有致，形象鲜明。唐代李思训、李昭道父子创"著色山水，用金碧辉映"的青绿山水派，王维独创水墨淡彩画派，王洽创泼墨山水画派，都是以独一无二而独领风骚。广东的岭南画派之所以自成一家，也是因为独特的风格，这个风格概括起来有如下的几个特征：其一，主张创新，以岭南特有景物丰富题材；其二，彩墨并重，融汇中西；其三，博取诸家之长；其四，发扬了国画的优良传统，在绘画技术上，一反勾勒法而用"没骨法"，用"撞水撞粉"法，以求其真。

"书画"扎根于人的心田

　　繁、简体的"画"字，均为一个"田"，这个"田"字，包含着如下几个含义：一是作画是一种耕耘，其灵魂来自于生活，又是生活的感悟和提炼。名画家郑板桥说："古之善画者，大都以造物为师。"绘画艺术源自生活，又高于生活。在中世纪的欧洲，常把绘画称作"猴子的艺术"，因为如同猴子喜欢模仿人类活动一样，在绘画的初级阶段也是对某个场景的模仿，所以画的第一层境界，是临摹自然的艺术，倘若画者能再作独特的艺术加工，或者品画者能品出画外音，则进入了绘画艺术更高的境界。苏轼的诗文和书画都好。他有一篇文章，名叫《韩干画马赞》。韩干，擅长画马的唐代著名画家。他有一幅画，画了四匹马。四马在河边的情景被苏轼描写得清晰明确，苏轼称赞四马的神姿妙态，形象生动，栩栩如生，闭目想象，如在目前。但仅仅是画面逼真，形态传神，还不可以称之为有境界。而境界者，是有哲理寓内，形态为外。二是作画是画家内心的写照与表达，也是耕耘内心行之有效的方法。佛家说，田，即心。谓心藏善恶种子，随缘滋长，如田地生长五谷荑稗。从"畫"的字形上想象，画画本来就是人执笔"我手写我心"的一种活动，加上"画""话"同音，画家的画多是他想要表达的内心的"话"。"立身画外，存心画中。"凡·高的画是浓烈的、眩晕的、疯狂的，反观他的人生之路，也充满了因其内心狂乱焦躁而导致的悲剧色彩。中国画中的写意派的一代宗师"八大山人"是明宁王朱权后裔，原名朱耷。明朝灭亡，朱耷时年十九，不久父亲去世，他内心极度忧郁、悲愤，便假装聋哑，隐姓埋名遁迹空门，潜居山野，以保存自己。他擅书画，花鸟以水墨写意为宗，形象夸张奇特，笔墨凝练沉毅，风格雄奇隽永。朱耷的画幅上常常可以看到一种奇特的签押，像一鹤形符号，其实是以"三月十九"四字组成，借以寄托怀念故国的深情（甲申三月十九日是明朝灭亡的日子）。朱耷六十岁时开始用"八大山人"署名题诗作画，他在署款时，常把"八大山人"四字连缀起来，像"哭之""笑之"字样，以寄托他哭笑皆非的痛苦心情。其弟朱道明，字秋月，也是一位画家，风格与乃兄相近，甚至还要粗犷豪放。他的书画署名为牛石慧，把这三个字草书连写起来，很像"生不拜君"四字，表达了对清王朝誓不屈服的心情。他们两兄弟署名的开头，把个朱字拆开，一个用"牛"字，一个用"八"字，隐姓埋名于画中，可谓用心良苦。三是作画要讲章法布局。"田"字界限分明，分布有致，表示绘画要主次分明，轻重得体，浓淡相宜，不是杂乱的堆砌。

外师造化，中得心源。

——唐·张璪《历代名画记》

　　唐代张璪在《历代名画记》中说，"外师造化，中得心源"，意思说向外体察自然万物，向内挖掘自己的内心感情。绘画是画家以绘画的语言，高超、巧妙的技巧，创造出神入化的意境，产生惊人的艺术效果，南朝画家张僧繇可以说就是一位出神入化的画家，他的创作留下许多传说，他在佛寺壁上画鹰、鹞栩栩如生，致使鸠、鸽见之惊飞而去。而流传最广的是"画龙不点睛，点则飞去"的传说。一幅优秀的绘画作品，必须形神兼备，神就是作品的灵魂。神、形、意、韵是评估一幅佳作的标准。明代董其昌说："画皮画骨难画神。"宋代沈括说："书画之妙，当以神会，难可以形器求之。"清代刘岩说："画竹不如真竹真，枝叶易似难得神。"以上的名家所言，都讲了作画要追求出神入化的道理，但神形兼备并不容易做到。

琴以解忧，棋以养智

　　神农氏是中国上古神话中的"三皇五帝"之一，也有人认为神农氏即是炎帝，是"炎黄子孙"的始祖。他曾经遍尝百草，还教老百姓播种百谷，发展了古代中原的农耕业。

　　有一天，神农氏观察着天地自然的变化、感受着日月四时的运动，忽然内心有所感悟，于是，他将桐树的木料削成琴，配上五根丝弦，发明了"琴"。这琴正是天地自然的象征——古琴厚度为两寸，象征着天、地"两仪"；前端宽约八寸，象征着立春、春分、立夏、夏至、立秋、秋分、立冬、冬至"八节"；后端宽约四寸，象征着春、夏、秋、冬"四时"；长度约三尺六寸五，象征着周天三百六十五度。古琴上有十三个徽，其中最大的一个象征着君王，也表示一年之中的闰月；其他十二个象征着臣民，也表示一年十二个月。

"琴"字在古代也写作"珡"，是个象形字。"珡"字的上部表示琴弦，下部为琴座。"琴"字则是个形声字，"今"为声旁。

《说文解字》中关于"琴"的解释，就讲述了这个神农造古琴的故事："琴，禁也。神农所作。洞越。练朱五弦，周加二弦。"

神农氏所造的古琴，最初只有五根弦，代表着金、木、水、火、土五行。到了周朝，周文王为了悼念他死去的儿子伯邑考，增加了一根弦，称为"文弦"；周武王伐纣时，为了增加将士的士气，又增添了一根弦，称为"武弦"——这就是《说文解字》中所说"周加二弦"。古琴也因此被称为"文武七弦琴"。

琴棋是君子人格的象征。清代段玉裁解释"琴"字的象形："象其首身尾也。上圆下方，故象其圆。"古琴的创制远取诸物，近取诸身，古琴也是依照人身圆颅方趾的形象设计，有琴首、琴颈、琴肩、琴腰等，俨然就是一个人的形象。

三国时期的名士嵇康有《琴赋》流传于世。《琴赋》从琴器之用材、巧匠之制琴、琴器之文采刻绘，到演奏古琴的情状、琴曲的历史发展和风格特色，乃至琴声之美感等，都做了细致的描写，为中国琴学理论史翻开了崭新的一页。明代书法家文徵明，曾用小楷抄录下了嵇康的《琴赋》一文，可谓异代同调，更令古琴的艺术魅力绽放在中国历史时空之中。

据明代《太音大全集》的记载，古琴的样式有三十八种，清代的《五知斋琴谱》则发展成五十一种。随着古琴制作工艺的成熟，它渐渐从中融入了许多斫琴者的审美意趣。古琴样式的命名方式，较常见的即是以古代圣贤为名，如孔子式（又称"仲尼式"）、伏羲式、神农式、师旷式、子期式等。这使古琴有了更加生动的形象，甚至拥有了高贵的"人格品质"，成为君子贤人的象征。

《说文解字》解释"琴"："禁也。""琴""禁"二字在音韵上相通，在字义上也可互相阐释。"禁"表示吉凶之忌，引申为禁止。由此观之，"琴"也有这样的含义在焉。《白虎通》曰："琴，禁也，以禁止淫邪、正人心也。"调琴以五音为正，抚琴要用正心、正念，五音之正与身心之正共振，以此达到人神相和的崇高人生境界。由此可见，在中国传统观念中，琴是一种独特的教化工具。

先秦两汉文献都广泛记载了历代帝王"以乐为教"的历史传统，自春秋以后，儒家极力倡导"礼乐"人文教化，"乐教"更成为中华文化的优良传统。《礼记》中说："广博易良，乐教也。"乐教即是通过音乐、韵律之美，提高人的道德修养。琴在中国传统的"礼乐"人文教化中扮演着非常重要的角色。所以，琴自古以来就是中国文人修身养性的器物之一。

琴声传达一种诗意

"琴"从二"王"，颇有两玉相和而鸣的意味，强调了琴声之美。"琴"字下部的"今"，是个表音符号。但是，汉字中的音和义并不是绝对割裂的，它们之间有着某种微妙的联系。"今"字亦有其独特的含义。甲骨文、金文中的"今"字形多象人的嘴形，"饮"（左部的古文字写作上"今"下"酉"）"含"等字皆与此有关。"琴"字也是如此，下部的"今"表示弹奏琴声如同吟诗一般，富有情感、饱含诗意。它那敦厚、闲适、优雅、虚静的声音质感，能够表达出弦外之音、韵外之致、味外之旨。

《说文解字》中描述"琴"的声音"洞越"，清代段玉裁注曰："洞当作迵。迵者、通达也。"因为古琴的琴腹中空，并凿有两孔，上孔叫作"龙沼"，下孔叫作"凤池"，利用声音共鸣的原理，使古琴在弹奏时声音更加通达。老子《道德经》中说："长短相形，高下相倾。音声相和，前后相随。"琴的演绎取法于天地自然，正体现出"音声相和"的特点，展示着流动之美、自然之美、天籁之美。

三国时期的名士嵇康写下了弹琴的名句："目送归鸿，手挥五弦。俯仰自得，游心太玄。"这是描述了名士弹琴时的状态——他在山林之间，一边注视着南飞的大雁，一边用手弹着琴，琴声洞越，令他心绪自由、俯仰自得，心已徜徉到天地之外了。这数句诗，将琴声之美与君子之美、自然之美融合在一起，是中国传统人文精神的诗意表达。

晋陶渊明在《归去来兮辞》中说："乐琴书以消忧。"表达了自己沉醉在琴弦、书法中而忘记了一切烦恼，过着一种洒脱、自在的生活。

古琴曲大都依赖古琴谱流传下来。古琴谱又叫减字谱，它有一种特殊的记录方式。它用减省了笔画的文字来记录古琴曲，主要记录了古琴弹奏时的指法、弦序、音位等，而没有记录音高、节奏等。也就是说，依照同样的减字谱，不同的人弹奏的琴曲也有不同。所以，自古至今，古琴艺术非常重视师承授受，也因此产生了不同的琴派、不同的演奏风格。所以，古琴中有许多个性化的表达，艺术造诣的高低也取决于个人的精神品质与人格修养。

古琴在弹奏时，发出的声音不大，声音不过斗室之内。所以，古琴的演奏和欣赏，也只适合在一屋一室的小范围内。孔子说："古之学者为己，今之学者为人。"儒家注重"为己之学"，古代的士人将抚琴作为日常的一件乐事，大抵是弹奏给自己听，抑或给一二知己欣赏，这正合于儒家"为己之学"的理念。由此可见，古琴个人化、个性化的表达方式，与中国传统的诗的艺术有相通之处。

抚琴以依托理想

中国传统对于"琴"的理解，首要即是道德的。古琴的演绎，即是一种道德理想的寄托。

最著名的例子当属孔子。孔子有很高的古琴艺术造诣，而琴声也成为孔子的理想寄托。他曾在弹琴时想见周文王的模样，那是因为他秉持儒家的政治理想，向往三代的礼乐秩序。他通过弹琴，表达了自己的理想。

孔子曾经周游列国，经过陈国时，正好遇见陈国大乱，孔子师徒连粮食都断绝了，从者也都饿病了，起不了身来。在此种境地中，孔子依然讲诵诗书、鼓琴作乐，没有中断过。

还有一次，孔子师徒经过匡地，匡人误以为孔子是他们的仇人阳虎，于是围困了孔子师徒，并把孔子囚禁了起来。困厄危难之中，孔子依然"弦歌不辍"。

孔子的弟子子游曾在鲁国的武城作城宰，他秉承夫子所教，以礼乐教民。孔子去往武城，听到城中有"弦歌之声"，非常高兴，表扬了子游。《史记》中记载，到了秦朝末年，楚汉相争之时，刘邦发兵围攻鲁地，"鲁中诸儒尚讲诵习礼乐，弦歌之音不绝"。由此可见孔子的文化影响之深远。在这里，"弦歌之声"在各地的传播，便是孔子理想的传承、精神的延续，是儒家文化在中国大地生根发芽的过程。

嵇康是三国时的名士，是"竹林七贤"之一。传说他妙于琴，善于音律。嵇康曾创作琴曲《广陵散》，说的是古代聂政刺韩王之事，琴声中有一股浩然之气。后来嵇康因得罪权贵被杀，临刑前，嵇康从容不迫，索琴弹奏了此曲，并慨然长叹："《广陵散》于今绝矣！"《广陵散》之绝的背后，是魏晋君子对黑暗政治社会的控诉，是对理想破灭之失望。

唐代的司马承祯在《素琴传》里写道："皇王以琴道致和平也……闲音律者以琴声感通也……灵仙以琴理和神也……君子以琴德而安命也……隐士以琴德而兴逸也……"说出了各种社会角色的人在琴道之中的精神寄寓。这也充分说明了中国琴艺兼容儒、道，兼具庙堂文化和乡野文化的功能。它能充分表达人的内心世界，甚至感通自然乃至动物之性，具有如"飞鸟集舞，潜鱼出跃"的美学特质。君子理想的寄寓，使古琴艺术为中国人构建起了高贵的人文精神和高雅的审美情趣。

棋，形声字。

甲骨文为 🀫，上面为木，即小木块，中间为箕筐，下面为双手抓持。

篆文为 🀫，隶书棋写成左右结构。

《说文·木部》："棊，博棊。从木，其声。"棋造字的本义：博弈玩具，在箕筐内投掷有不同记号的小木块，或手持盛有小木块的箕筐不断摇动，以小木块记号的组合定输赢。棋是一种文娱项目，如象棋、围棋、军棋、跳棋等。与棋相关的典故和成语很多，如"长安棋局"，比喻动荡不定的政局；"蠹居棋处"，比喻坏人深入社会，散布各处；"举棋不定"，比喻犹豫不决，拿不定主意；"棋逢对手"，比喻比赛或争斗的双方本领不相上下；"瓜剖棋布"，比喻区分布局，职司有序；"举棋若定"，比喻行事沉着果断。

弈棋是一门具有高度思维性、趣味性、竞技性的活动，是智慧者的一种游戏，其中的行兵布阵、角力对抗，趣味无穷，变化多端。因此，弈棋是一项健康有益的娱乐活动，对提高智慧、磨炼意志、陶冶情操具有积极作用。自古以来，它被文人列为"四艺"（即琴棋书画之一），素有"棋运兴，国运兴"的说法。弈棋，不但在比智力，重要的是在比棋品、比意志、比心态，它给我们丰富的人生感悟。

棋品如人品。宋代张拟写的《棋经十三篇》中的品格篇，讲棋有九品：第一是入神，第二是坐照，第三是具体，第四是通幽，第五是用智，第六是小巧，第七是斗力，第八是若愚，第九是守拙。他还指出了棋手的品质作风是"胜不言，败不语"，"安而不泰，存而不骄"，"以正合其势，以权制其敌"等。弈棋是与对手的较量，战胜对方是双方的目标，而在竞技中要靠实力，不能偷梁换柱，做"小动作"。如果在下棋时，棋手弄虚作假，必然人格低下。因此，下棋也可以看出一个人的人品高低。唐朝东都留守吕元膺酷爱下棋，养了一批食客陪他下棋。一天，吕留守与一食客激战之际，卫士送来重要公文请他立即处理。食客见他低头批文，便迅速偷换一子。吕留守看在眼里，不动声色，批完公文后继续与食客下棋，结果，吕留守输了，那位食客高兴地回到住房，等待着吕留守给他奖赏。第二天，吕留守送了那位食客一些礼物，然后请他另投门第，其他食客不明缘由，很是诧异。十几年后，吕留守病危时把子侄叫到身边，讲了那次下棋的事："他偷换一个棋子，我不介意；但是，由此可见他人品低下，不可深交。你们应当记住这些，交友定要慎重。"吕留守的这一见解，说明棋品与人品密不可分。我们看一个人的人品，从棋品中可以看出来。偷换一子，证明是一个不诚实的人，是虚伪的人，因而也是不可深交之人。弈棋，确实可以看出一个人的胸怀。抗日战争初期，爱国棋王谢侠逊和周恩来在重庆对弈象棋，周恩来不仅敬重对手，夸他是"爱国象棋家"，还借题发挥说："明人重马，清人重炮，我们应该重兵卒。"谢老明白周恩来的寓意，就随口应道："马虽有八面威风，但兵可以制马。"周恩来听了，爽朗地大笑："对，兵卒是群众，抗日救国就是要广泛发动群众的力量。"在这里，一代伟人巧用象棋的术语，借机宣传了群众的力量和抗日的道理，体现了宽广的胸怀和智慧的眼光。弈棋也体现了一个人的性格，有的果断，有的优柔寡断，有的沉着，有的鲁莽。"举棋不定"就是对缺乏主见的人的形象描绘。公元前559年，卫献公得罪了大臣，上卿孙林父和亚卿宁殖发动政变，推翻了卫献公的统治，改立卫殇公为君，献公不得不逃到齐国去避难。十二年后，宁殖的儿子宁喜当上卫国的左相，而卫献公也在齐国帮助下占据卫国的夷仪，并图谋恢复君位。卫献公派人找宁喜谈判，要求他废黜卫殇公而拥戴卫献公，并以复位后让他独掌国家大权为条件。宁喜犹豫再三，还是同意了卫献公使者的劝说。卫国大夫太叔文子知道了这件事，说：

"宁喜看待国君还不如下围棋，日后定不能幸免于祸难。下棋的人举棋不定，就不能胜过对手，更何况安置国君这样重大的事情呢？九代相传的卿相，到宁喜这里就要灭亡了，这是多么可悲的事情啊！"宁喜后来果然被杀。

棋艺也是生活的艺术。弈棋是智力的竞赛，也是智慧的对垒。弈棋要谋全局，不谋全局不能谋一域。一个好棋手要有雄才大略，计划周密，有全局观念；要攻防并重，瞻前顾后，前后呼应，不能一味进攻；要小心谨慎，防止落入圈套，两害相权取其轻，要敢于舍弃，学会丢卒保车；要果断出击，该出手时就出手，不能贻误战机等。除了以上的启示以外，最重要的还有如下三个方面：一是虚心好学，山外有山，人外有人。做人切忌自以为是，自命不凡，要脚踏实地，只有向他人学习，才能建功立业。清朝名臣左宗棠喜欢下棋，而且棋艺高超，很少碰到对手。在奉命率兵赴新疆平叛前的一天，他微服出巡，在街上看到一个老人摆棋阵，旁有"天下第一棋手"的招牌。左宗棠觉得老人过于狂妄，想教训教训他，便上前挑战。没想到老人不堪一击，连连败北。左宗棠在得意之余，命老人赶快砸了招牌走人，不要再在这里丢人现眼。没想到的是，当左宗棠从新疆平叛归来，那块"天下第一棋手"的招牌依然竖在那里。他很不高兴，决定再教训一次这个不知天高地厚的人。说来也怪，这一次左宗棠居然被老人"杀"得落花流水，三战三败。左宗棠不服，第二天又与之鏖战，这次输得更惨。他觉得不可思议，就问老人为什么在这么短的时间内，棋艺进步得如此之快，老人微笑着回答："上次您虽是微服出巡，但我知道您是左大人，而且即将出征新疆，我不想挫伤您这个一军主帅的锐气，所以存心让你赢。如今，您已凯旋，我也就无所顾忌不再谦让了。"左宗棠听后，羞惭不已。二是不后悔。俗话说，人生没有后悔药吃。从前，有一个年轻人要出去闯世界，临行前，有一位长者送给他两张纸条，嘱咐他第一张在出发时打开，第二张在他返回故乡时打开。他打开第一张纸条，上面写着"不要怕"，他正是靠这三个字，打拼天下，取得成功，成为一个富翁。三十年后，他年老的时候，返回了家乡，这时，他想起了老人送给他的另一张纸条，打开一看，写的是"不要悔"。他终于明白，年轻的时候，胆子不够大，长者鼓励他大胆去做。年老的时候，回忆往事，有得也有失，有对也有错，如果一味地懊悔，必然不断地自责，一定不会快乐。人生是一个不断选择的过程，失去的东西往往追不回来，要举棋无悔，珍惜当下。三是以对手为师。下棋有个关键的要素，那就是对手，"棋逢对手"这则成语出自《唐诗纪事》卷七十七，晚唐时期，有位名叫释尚颜的和尚非常喜欢下围棋，因下棋结识了诗人陆龟蒙。陆龟蒙是姑苏人，隐居松江甫里。释尚颜时常想念这位棋友，并作诗道："事厄伤心否，棋逢对手无？"表达对棋友的思念。不要认为，棋逢对手是坏事，那只是求胜的虚荣心作祟。我国著名棋手常昊就对经常打败他的韩国棋手李昌镐感激不尽。常昊说，没有李昌镐，他不可能成长这么快。他们两人，被媒体称为棋坛的"绝代双骄"。韩国媒体也认为，由于常昊的出现，"独孤求败"李昌镐也终于找到了同龄对手，对李昌镐来说也是幸事。所以，如果在你的人生旅途中碰到一个劲敌，一定要好好珍惜，努力超越，你会发现自己成长得特别快。

凡音由于人心，天之与人有以相通，如景之象形，响之应声。故为善者天报之以福，为恶者天与之以殃，其自然者也。故舜弹五弦之琴，歌南风之诗而天下治。

——《乐书》

抚琴者要用正心、正念来弹琴，调音要将音调成五正音，是心弦为主，琴弦为辅，在调音中，将琴音自然调到正调，并从五正音的相互共振间，调整身心的状况，琴与音和，指与琴和，意有所指。只有正德、正心、正念，方可在弹琴时达到人神相和的境界。也只有清正，才能专心，弹琴如此，治国亦然。

生／命：植根大地，人合成命

觉／悟：博学正见，我用吾心

自／由：认识自由，自在成长

解／放：用好利刃，放飞梦想

超／脱：敢走新路，超然物外

生命关怀修养

生命

植根大地，人合成命

　　有一天，佛祖把弟子叫到法座前，问道："人的生命有多长呢？""大概有几十年吧。"一个弟子不假思索地回答。佛祖摇了摇头说道："你没有明白生命的真相到底是什么。"另一个弟子想了想，说："人的生命在春夏秋冬之间，春夏萌发，秋冬凋零。"佛祖还是摇头说道："你觉察到了生命的短暂，但只是看到生命的短暂而已。"弟子们面面相觑，一脸茫然。佛祖说："人的生命，就在一呼一吸之间。"佛祖认为，生命不但是短暂的，而且是处于一种无常的状态，一口气接不上，生命就停顿了。也正因为生命是短暂的、无常的，所以我们才要重生乐生，了身达命，超脱生死。

　　生，象形字。《说文·生部》："生，进也。象草木生出土上。凡生之属皆从生。"

Ψ，甲骨文。像一棵植物在地上生长出来的样子，表示新芽破土而出。

Ψ，金文。承续甲骨文字形。

Ψ，篆文。承续金文字形。

"生"的本义为草木生长出土。如《荀子》中说道："蓬生麻中，不扶而直。"意思是说蓬草长在大麻田里，不用扶持，自然挺直。比喻在好的生活环境里，得到健康成长。"生"的引申义很多，如"生育""生命""生存""生疏""生硬"等等。"门生"，是指戏曲中角色的名称。根据《说文解字》的解释，"生"是一种进取、进步、进入、进行的状态，因此后来引申为凡有渐进现象的都属"生"之列。从事物生态的层次来看，"生"可分为如下层次：一是从无到有的成长状态，如生育、生殖、生养、生成等；二是从少到多的渐进现象，如滋生、生火、生变；三是生命变化的不同状态，如浮生、安生、转生、养生；四是人的情感变化的现象，如生硬、生冷、生涩、生分；五是人的身份和角色，如书生、老生、武生、文生、医生、先生等。

命，会意字。《说文·口部》："命，使也。从口、从令。"

命，甲骨文。表示上级指示下级。

命，金文。上部是一个屋顶，下部是一个面朝左跪坐的人在发布命令，这个命令是从口发出的。

命，篆文。意为一尊者向众人发号施令。

"命"的本义为指派，如《诗经》中所说："维君子命。"意思是说只要是君王的命令就执行。但"命"字的意义用得最多的还是指一个人的命运。例如古人认为人的穷通祸福以及社会的更替都是上天的安排，所以"命"又引申为天命、命运。如"命里注定""福大命大""命薄福浅""听天由命""乐天知命"等。"命"还引申指"生命"或"性命"，如"救命""拼命"。"生命"二字虽很简单，但揭示了生命之根源，生命之本色和力量。

"生命"起源于男女阴阳的交合

"命"由"人""合"组成，意为阴阳交合，生命从此开始。从生物学的意义上看，有"性"才有"命"，命由男女的欲望、性的行为和性的结果组成，所以又有了"性命"之说。中国的神话传说认为伏羲和女娲是人类的始祖。女娲和伏羲为阴阳二神，两人相交而生育，这是阴阳化万物的开始。西方《创世记》认为人类生命的起源是亚当和夏娃在伊甸园里受了蛇的诱惑偷吃禁果而生子。而生物学意义上的命，实际上是一种肉体的生命，这是一个人最基本的命，不管是贩夫走卒，还是达官贵人，必须有一个肉体的生命，才谈得上政治的生命、艺术的生命、精神的生命。一个健全的生命首先是以一个人的肉体生命作为基础的，命的第一信息揭示了生命的起源。

"生命"植根于大地

"生"字从人，从土。土为土地、大地，滋养着万物的生长，将万物兼收并育。人是天地所生，人体生命的本源来自于天，却生自于地，土以广阔的胸怀为人类提供了御寒的衣服和充饥的食物。同时，生活在土地上的人要为土地带来无限的生机与活力。人生于土地，最终又归于土地。有这样一个故事：

老师给三个学生同样的任务——到花园去采集一份最有价值的美丽的东西。不久，学生都回来了。第一个学生摘来一朵鲜艳的玫瑰，第二个学生捉来一只斑斓的蝴蝶，第三个学生捧来一把黑乎乎的泥土。老师看了第一个，皱了皱眉头；看了第二个，摇了摇头；再看第三个，点了点头说："泥土沉甸甸，有了它，就能种出芳香的玫瑰，引来美丽的蝴蝶。况且，玫瑰终会凋零，蝴蝶终会飞走，真正坚定地守望在这里的，只有这黑色的泥土。"

在现实生活中，人们往往会忽视不声不响的"泥土"，只重视结果，而不追寻缘由。殊不知一个绚丽多彩的生命，必须植根于大地的泥土之中，从大地中吸收营养，才能茁壮成长，即所谓的"接地气"。也就是说，一个人艺术素养的提升，要从大地上丰富多彩的生活中去寻找；一个人要想有健康的身体，也要经常在大地上行走，长期不接"地气"，就会阴阳失衡。

"生命"必须保持"土地"的本色

"生"字由"人"和"土"组成，蕴含着做人必须保持"本色"。土很厚实，总是随遇而安。土能生长万物，给世人提供衣食住行，但它又很朴素，从不装腔作势，更不居功自傲。带有"土"属性的东西，往往是本真和纯朴的，如"土特产""土著""乡土"等。鲁迅曾把作文的秘诀，浓缩成一句话："有真意，去粉饰，少做作，勿卖弄。"其实写文章是这样，做人更应该这样。在现今社会中，当金钱、权力、虚荣和浮华把人冲击得眼花缭乱之时，本色就会逐渐地丧失，然后人们便会进行种种的包装和雕饰，结果整个人就会变得言行相悖、表里不一，难见庐山真面目。这样，不但做人很累，也很可怕。毕竟本色是生命最初、最真诚的状态，一个人要保持心灵的纯洁和宁静，总是多一分真比多一分假好，多一些本色比多一些矫饰好。有的人富了待人变得傲慢，地位高了脾气就变大，这样便失去了生命的本色。金钱和权力是检验人的本色的试金石。许多人在创业时期，能够吃苦耐劳，勤俭节约，但一旦成功以后，就像变成另一个人一样，往往会变得贪图安逸、贪图享受、贪婪无比，离本色越来越远。可笑的是，他们的本色明明已经变了，他们却千方百计地想加以掩饰。

"生命"要如小草般顽强

"生"的甲骨文和金文，上面像是土中生长的草木嫩芽形，意指草木破土而出。这象征生命的力量如小草，小草给大漠带来绿洲，即使在缺水很严重的地方，只要有一点水分，它也能够成长。就像夏衍所说："生命开始的一瞬间就带了斗争来的草才是坚韧的草，也只有这种草，才可以傲然地对那些玻璃棚中养育的盆花哄笑。"无可否认，小草是非常普通的，但其实它又非常珍贵。可以想想，假如大地没有小草，那必然是一个残缺的世界。所以人也应该像小草一样，找准自己的位置，顽强地生存，为大地添绿。

著名作家张海迪，5岁时不幸患上脊髓血管瘤而高位截瘫。从那时起，她就开始了自己独特的人生：她无法上学，便在家自学完中学课程。15岁时，跟随父母到（山东）聊城农村，给孩子当起教书先生。她还自学针灸医术，为乡亲们无偿治疗。后来，她又自学多门外语，还当过无线电修理工。在残酷的命运挑战面前，她始终都没有沮丧和沉沦，并以顽强的毅力和恒心与疾病做斗争，经受了严峻的考验，最终取得了巨大的成就。

俗话说："花无百日红，人无百日好。"在漫长的人生道路上，每一个人都会经历苦难、挫折，这时就要像小草一样，不管生存条件多么恶劣，都要顽强地生活下去，为世界增添一点绿。

"生"的谐音字为"声"。一个婴儿出生，总是伴随着一阵哇哇哭声。"生"字加"心"为"性"，意指男女性的交合，生命就产生了。"生"字加"女"字旁为"姓"，在母系社会，人们随母姓；后来，到了父系社会，便改为随父姓了。凡从"生"取义的字皆与出生、生长有关，如"甦"，"产"的繁体字"產"等。

"生"与"死"是相对的。生是人生的起点，死是人生的终点。生是偶然，死则是必然。而且每一个人都无法选择生与死，不过可以选择生命的过程。裴多菲说："生命的长短用时间来计算，生命的价值用贡献来计算。"每一个人都是攥着拳头而生，撒手而去，赤条条地来，赤条条地去。人的生命的长短并不重要，重要的是生命的意义，重要的是为人类社会的进步做出了多大的贡献。因此，一个人要追求远大的理想，辉煌的业绩和高尚的品德，这样的生命才有价值。生命不息，奋斗不止。假如一个人的一生能留下些许学识、思想、技能、财富、功德，也就不枉此生了。

"生命"要自觉承担使命

"命"字从一，从口，从卩，这个组合的意思是指一个人一张口，听从上天的指令而降生；一人代表一代人，承担着重大的使命。这种使命包括传宗接代，成就事业，承担责任，推动社会进步；这实际上就是一种对理想的追求、事业的追求和道德的追求，是一种精神的生命。"命"中的"卩"是"节"的简写，即气节、关节。也就是说，在人生的每一个关节，我们都要节节提升，积极地走完人生的旅程。例如著名音乐家贝多芬虽然晚年失聪了，但他敢于扼住命运的咽喉，坚持刻苦创作，写出了许多不朽的名曲。又如史蒂芬·霍金21岁便患上了肌肉萎缩性侧索硬化症，但他并没有就此放弃追逐，他选择了顽强地工作和生活下去，并极其艰难地写下了著名的《时间简史》，探索宇宙的起源和归宿。贝多芬和霍金的一生就很好地阐明了人在一生中，应该不断提升自己。

"生命"要顺应天命

"命"的谐音为"冥"，而冥冥之中有定数。命包含着人性心身的信息，冥冥之中，都是天注定，即天命。例如一个人无法选择出身，但又不能完全"听天由命"，应该要"乐天知命"，也就是只需要顺应自然规律和人类发展的规律。"命"又和"运"常常联系在一起。吕蒙正在《破窑赋》中说："天有不测风云，人有旦夕祸福。蜈蚣百足，行不及蛇；雄鸡两翼，飞不过鸦。马有千里之程，无骑不能自往；人有冲天之志，非运不能自通……天不得时，日月无光；地不得时，草木不生；水不得时，风浪不平；人不得时，利运不通。"从大的方面来看，其实一个人生活在什么样的时代以及国度往往决定了一个人的命运。从小的方面看，一个人是否有贵人提携，和什么人在一起，也往往决定了一个人能否成功。也就是说，"命"是既定的，是与生俱来的。而"时"是随机的，随着时空的转化而有所不同，使得人的一生在某时段或顺或逆，有起有伏，"运"则是变化的。人生的运势多有变数，而运数的变化则取决于时机。也就是说，对命运的把握力就是在具备恰当时机时能否有牢牢抓住的能力。

人的生命存在着三个层次：第一层是一直活在物质的世界里，一辈子忙忙碌碌，为养家糊口而生活，当走到人生的终点时仍然不明白为何而来，应当回归何处。第二层是开始舍外求内，逐步脱离部分物质控制，有意识地选择放下一些不必要的外在东西，回归到身体本质层面，花精力去修复还原自我的身体和心灵。第三层是上升到灵性境界，到达此阶段后，将能悟到生命中一切遇到的人，一切创造的事，一切经历的情，都是为了帮自己完成这一世的修行圆满，这时将会体会到真正的幸福和快乐所在。这就是心灵的成长，已然到达人生最高能量层。商业奇才、世界首富比尔·盖茨就有这样的三种"命"：

比尔·盖茨1955年出生于美国一个中产家庭，1973年考进了哈佛大学。在大学三年级的时候，他离开了哈佛并把全部精力投入在1975年创办的微软公司中。比尔·盖茨是一个商业奇才，独特的眼光使他总是能准确看到IT行业的未来，也使得不断壮大的微软能够保持活力。而他的财富更是一个神话，在39岁时，他便成了世界首富。2008年，比尔·盖茨宣布退休，淡出了微软日常管理工作。他把自己的财产全数捐给其名下的慈善基金。同时，他本人全身心投入慈善事业中。2015年比尔·盖茨在接受《华尔街日报》采访时曾表示，自己"退休以后20%时间给微软，80%时间做慈善"。迄今为止，比尔·盖茨和他的妻子成立的基金会已经将25亿多美元用于全球的健康事业，将14亿多美元用于改善人们的学习条件。

　　白手起家到世界首富，比尔·盖茨走过了人生的第一层；然后，他看淡财富的诱惑，继续平常人的生活，走入人生的第二层；再后来，他将财富回馈社会，以慈善之举寻找生命的意义，便进入了人生的第三层。

　　其实世界上每个人都有自己的命，从来都不会重复。而不同的命运增添了人生的丰富性。也只有多种选择、多样人生、多种归宿、多种意义，这个世界才会灿烂多姿起来。

浅薄的人相信命运，坚强的人相信因果。

——爱默生

　　"命"字，带着天赋的人性。父母赋身，即阴阳交合，合成一口人。生命包含着人性心身的信息，冥冥之中，都是天注定。这就是天命。"命"和"运"常常联系在一起。一个人能够成功要靠天助、他助，更重要的是要自助。"命"是既定的，"时"是随机的，"运"是变化的。人生的运势多有变数，运数的变化取决于时机。对命运的把握就是在具备恰当时机时把握机遇，并努力去改变它。我们要信命，但不认命。世上太多的事情有因果关系，只有播种"善"之因，"勤"之因，必然会结出幸福、成功之果。

觉悟

博学正见，我用吾心

　　相传，唐朝有一个叫淳于棼的人，喜欢喝酒，不拘小节。一天适逢生日，他在门前的大槐树下摆宴，和朋友饮酒作乐，喝得烂醉，朋友扶他在廊下小睡。迷糊之时，有两个紫衣使者请他上车，车行数里，就到了"大槐安国"，有丞相出门相迎，告称国君愿将公主许配，招为南柯郡太守。淳于棼到任后勤政爱民，把南柯治理得井井有条，一晃二十年过去，上获君王器重，下得百姓拥戴，育有五子二女，家庭美满。不料敌国檀萝国突然入侵，淳于棼率兵拒敌，屡战屡败，公主又不幸病故。淳于棼失去国君的宠信，只好辞官归乡。此时仍有两名紫衣使者送行。淳于棼返回家中，发觉自己睡在廊下，惊醒过来，只见仆人正在打扫庭院，落日的余晖洒在墙上，而梦中的经历好像过了一辈子。

　　人生其实像梦境一样的短暂，一样的传奇，一样的充满变幻，但少有清醒的人。有的人可能浑浑噩噩地走完一辈子，有的人等到醒悟的时候，生命之车已驶到终点。只有"大觉而后知此其大梦"，才能领会人生的意义：过去不可追，未来不可知，重要的是把握当下！这才是一个觉悟的人。

觉，形声字。《说文·见部》："觉，寤也。从见。"造字本义是指因获得内在经验而发现某种真相。

𦥯，金文。𦥑为学，指获得经验、知识；見为见，即发现。

由闭目沉睡到醒来感知清晰为"觉"，由沉醉迷糊到神志清晰为"醒"，清心净虑、洞察真相为"慧"，明心见性、发现自我为"悟"。"觉"还可解作感知、感到。在思维上，有自觉、视觉、嗅觉、味觉、触觉等。"觉"还是一种清醒状态，"如梦初觉"是指从混沌无意识状态转向有意识的清醒状态。

悟，从心，从吾；从心，表示与人的心理、心境有关；从吾，指我。《说文·心部》："悟，觉也。"本义为醒悟、觉悟。

悟，篆文。字形左右结构。造字本义为明心见性、发现自我。

"悟"为我心而悟，我心而觉。"悟、觉、寤"是一组可以递训的同义词。王力在《同源字典》中说："睡醒叫'寤'，觉醒叫'悟'。"悟首先是觉悟，揭示了人的认识过程，即由迷惑而清醒、由模糊而清楚、由错误而正确的认识过程。

在佛学中，"觉"是人生的大境界。觉指佛，佛称为"觉者"。《大乘义章》说："佛是觉知，就斯立称……既能自觉，复能觉他；觉行圆满，故名为佛。"在佛学中觉有两义："一、觉察名觉，如人觉贼；二、觉悟名觉，如人睡寤。觉察之觉对烦恼障……觉悟之觉，对其智障。"佛门弟子以觉为目标，也是修炼的过程。只有做到心外无物、四大皆空，才能进入觉的境界。

"觉"与"迷"相对，在现实生活中，不觉悟的人还是很多的，因此，他们经常做了许多愚昧的事。正如智者所描述的那样："他们厌倦童年，急于长大，长大后又渴望返老还童。他们对未来充满了忧虑，但忘却了现在；他们牺牲了自己的健康去换取金钱，然后又花金钱去恢复健康。于是，他们既不生活于现在，也不生活于未来。"这是"上帝"对人类的迷惑，也是人类自己的迷惑。只有觉悟，才可以使人生过得更有意义。

博学是"觉悟"的基础

繁体的"觉"字从学、从见，觉的上部就是"学"的上部，目有所见，心有所悟，是为学。学是学习知识，指理性的认识，学包括向他人学，从书本中学。学是"觉"的基础。一个人勤劳地学习，积累了大量的知识，就能博观而约取，厚积而薄发。"觉"来源于"学"，只有坚持不懈地学习才会不断地有所发现，深入领悟个中道理，"学"然后才能"觉"。

从前，孔子跟从师襄子学琴。师襄子教了一首曲子后，孔子每日弹奏，毫不厌倦。过了十天，师襄子说："这首曲子你弹得很不错，可以学新曲子了。"孔子说："我虽学会了曲谱，可还没有掌握一些高难度的技巧。"又过了许多天，师襄子说："你已掌握了弹奏技巧，可以学新曲子了。"孔子说："我还没有品味出这首曲子的神韵。"又过了许多天，师襄子说："你已领会了这首曲子的神韵，可以学新曲子了。"孔子说："我还没体会出作曲者是怎样一个人，尚未深入他的内心世界。"又过了很多天，孔子庄重地说："我现在知道作曲者是什么人了。这人长得黑，身材魁梧，胸怀大志，要统一四方，一定是周文王。"师襄子听后，立即离席行礼，说："这首曲子就叫作《文王操》啊！"

孔子就是这样通过认真的学习与思考体悟，从而产生新的见解，这就是"觉"的结果，这个结果是经过三个阶段的学习而得来的。

正见是"觉悟"的前提

简体的"觉"字从尚，从见，"尚"有热衷、喜欢的意思；"见"表示用眼看见的真相，有不断地思考和学习，心中的疑团逐渐被解开的意思，这就是觉悟。因此，"觉"字的本义可以引申出醒悟、明白的意思，也就是说喜欢观察才能醒悟和明白。喜欢观察、善于观察的人能比别人更快地发现、了解、掌握客观事物的规律。因为懂得察言观色，审时度势，作出判断和思考，从而有所觉悟，了然于胸。

"竹林七贤"之一的王戎，从小善于观察和思考，小脑瓜非常灵活。7岁时，他和几个小伙伴到临沂城外去玩耍。突然，走在前面的一个伙伴高喊起来："看，前面一棵李子树上结满了李子！"王戎抬头向前一看，路旁的一棵李树上结满了红色的果子，把枝条都压弯了。伙伴们欢呼着向李树奔去，可王戎站着没动，他说："别高兴得太早，那李子是苦的。""胡说，你怎么知道的？"伙伴瞪了他一眼。最先跑到李树下面的小孩，摘了一颗李子，忙塞进嘴里嚼起来，可是立刻又皱起眉头，直往外吐。看来被王戎说中了，小伙伴们都觉得奇怪。王戎说："你们想一想，这棵李树长在大路旁边，每天有那么多人从这里经过，如果李子是甜的，早就摘光了。现在树上还有这么多李子，那一定是苦的了。"

"王戎识李"的典故，说明了我们不但要用自己的眼睛去看，还要用心去判断，用正确的思维、正确的观点和方法去分析，才能获得真正的"觉"。

博学、正见、感悟是"觉悟"的过程

"觉"上为"学"，下为"见"，表示学习和理解必须结合，"觉"体现了觉悟的三个阶段，即学习、实践、体悟。以

"学"为始，人的初心是处于蒙昧状态的，许多东西不知道、不懂得，这就需要进行知识的启蒙，这是向书本学习，向老师学习的过程。继而进入"见"的阶段，把书本学到的知识，运用到实践和生活之中，进行认真的体察，这里包括了"读万卷书，行万里路"的实践过程。在这个过程中，自己有亲身的感受，有了新的发现，把这两者结合起来，综合以前的所学所见，体会人生和宇宙万物的本原，举一反三，悟出世间万事万物的至道，这就是"觉"的结果。孔子不但学识渊博，而且也是一个悟性很高的人，往往能从一个动作领悟到很深刻的道理。

一次，孔子到老子那里去求教，老子正闭目养神。孔子恭恭敬敬地垂手站立在一旁。半晌，老子张开眼，孔子赶紧说明求教之意。只见老子张开嘴，问："你看我的牙怎么样？"孔子说："已经全掉了。"老子又问："我的舌头怎么样？"孔子说："还好。"说完老子合上眼皮，继续静养去了。孔子拜辞而出。弟子们问老师："你不是来求教的吗？怎么还没有请教就回家呢？"孔子摇头解释道："老子不是已经教诲我了么。你们看，老子指出：牙齿是强硬的，却是软弱的；舌头是软弱的，却是刚强的。对老子来讲，看来强硬的牙齿，却敌不过柔软的舌头。老子把刚柔强弱的关系讲得多么深刻呀。"

"觉悟"高的人有高尚的心灵和境界

简体的"觉"从尚，从见。"尚"字有高级、高尚之义，"见"字有认识、见解的意思。认识和见解是一个人内心世界和精神境界的体现，所以"觉"就是一种高尚的思想境界，一个人只有不断地修炼自己的内心，使自己远离低级趣味，保持心灵上、思想上、精神上的高尚，才能成为一个觉悟高的人。释迦牟尼、孔子、老子都是觉悟高的人，而且是先知先觉的人。他们善于学习，善于推断，高瞻远瞩，一切了然于胸。当然，不少科学家也具备这些品质和能力。

　　两千多年前，罗马军队攻进了希腊的一座城市，一个老人正蹲在沙地上专心研究一个图形，他就是著名物理学家阿基米德。当罗马军人的剑朝他劈来时，他只说了一句话："不要踩坏我的圆！"在他看来，他画在地上的图形比他的生命更为宝贵。

　　有人说：先知先觉创造机会，后知后觉抓住机会，不知不觉失去机会。有人说：先知先觉为发明家，后知后觉为宣传家，不知不觉为实行家。有人说：先知先觉改变一生，后知后觉遗憾一生，不知不觉荒废一生。有人说：先知先觉成就一生，后知后觉茫然一生，不知不觉断送一生。我们要力争先知先觉，能做到后知后觉也不错，千万不要不知不觉，因为这是不学习、不实践、不感悟的结果。

　　"觉悟"要从心出发。悟是一种心境，是一种智慧的超越，是一种灵魂的升华。悟，从心，表示悟是一种心灵的修炼，是人的心态、心境的改变。心中觉悟，处处通达；心中无悟，修行无用。

一个青年背着大包裹千里迢迢跑来找无际大师，他说："大师，我是那样的孤独、痛苦和寂寞，长期的跋涉使我疲倦到极点；我的鞋子破了，荆棘割破双脚；手也受伤了，流血不止；嗓子因为长久的呼喊而喑哑……为什么我还不能找到心中的阳光？"大师问："你的大包裹里装的是什么？"青年说："它对我可重要了。里面是我每一次跌倒时的痛苦，每一次受伤后的哭泣，每一次孤寂时的烦恼……靠着它，我才能走到您这儿来。"于是，无际大师带青年来到河边，他们坐船过了河。上岸后，大师说："你扛着船赶路吧！""什么，扛着船赶路？"青年很惊讶，"它那么沉，我扛得动吗？""是的，孩子，你扛不动它。"大师微微一笑，说，"过河时，船是有用的。但过了河，我们就要放下船赶路。否则，它会变成我们的包袱。孩子，生命不能太负重。"果然，青年放下包袱，继续赶路，他发觉自己的步子轻松而愉悦，比以前快得多。原来，生命是可以不必如此沉重的。

　　悟，从心。从心里放下才是真的放下，从里到外地解放自己，生命之路才能轻松。

"觉悟"是心我合一

　　我用吾心，内心静省。悟是"我"的感悟，"我"的醒悟。"悟"强调我心而悟，意在明心见性，发现自我。用心去体察，省悟自身。古代禅师认为生的最高境界是体认自性，超越生死。古人称精通行军作战为"智"，称清心净虑、自然率性为"禅"。心和我犹如镜子的两面，心我合一才是悟，发现本心才是悟。《西游记》里的乌巢禅师写了一首诗：

> 佛在灵山莫远求，灵山只在汝心头。
>
> 人人有个灵山塔，好向灵山塔下修。

人之所以有无穷的烦恼，是因为找不到心灵中的自己。东晋末年的大文学家陶渊明，耻于同流合污，不愿为五斗米折腰，愤然辞官归田，写下了著名的《归去来兮辞》。文中写道："悟已往之不谏，知来者之可追。"意思是说悟到过去出仕做官的错误已不能改正，但现在辞官而归还不算晚。陶渊明发现自己的本性，做官并不能让他快乐。因此，辞官归田，这就是一种醒悟。在现实生活中，背离本心的职业、婚姻可以说比比皆是，这正是当下许多人觉得幸福指数不高的一个因素。有的为生存而屈就职业，有的为了众人的目光而奔波，有的为了他人而活着，心中的真我去哪里，一片茫然。其实，揭去"六尘"，用心看"我"，就是"悟"。

"觉悟"是渐顿结合

每一个人的天性慧根是有差别的，即根器各异，人的觉悟也有快慢之别。因此，悟有两种基本的途径，一种叫"渐悟"，另一种叫"顿悟"。"渐悟"是指对佛性"十住"境界的领悟，是一点一点，一级一级渐进式的，这有如爬楼梯，一步一个脚印，慢慢地爬上去。这种悟界虽然慢一点，但扎实，是厚积薄发，积累到一定的阶段，时机成熟就觉悟了。"顿悟"则是灵感在创造性思维的凸现，是从潜意识中突然爆发出来的思维飞跃。禅宗自五祖弘忍门下有南北分途，南宗主顿悟，北宗主渐修。"渐悟"，就是通过坐禅、诵经来凝心、摄心，离弃世俗的影响和烦恼，认识和保持"心性本净"，以求内心解脱。后世南宗风行天下，习禅者以为禅宗法门不需坐禅，只须于一机一境上骤然悟得，就可以得道了。"顿悟"，认为"心即是佛"，人要觉悟佛性，用不着终日读经礼佛，只要直指人心，明心见性就行了。神秀以渐悟立宗，在北方提倡勤修苦学的学风，使北方的佛学朴实精进。惠能在南方以顿悟开山，明心见性，直指人心，使禅宗有点玄妙。渐悟、顿悟本来不是两个对立面。没有渐悟的基础，无法获得顿悟。不承认渐悟的顿悟，只能是一种妄悟了。我们要获得豁然贯通的顿悟，必须有日积月累的渐悟。唐代诗人杜甫说得好："读书破万卷，下笔如有神。"顿悟这种创造性的思维，是"得之在俄顷，积之在平日"。不论渐悟还是顿悟，都追求一个心净如镜。这也许是禅定的最高境界。

古人学问无遗力，少壮工夫老始成。

纸上得来终觉浅，绝知此事要躬行。

——宋·陆游《冬夜读书示子聿》

　　陆游这首教子诗，告诫儿子不要虚度年轻时的好时光，要勤奋地学习。学习除了向书本学习以外，更要向实践学习，只有到实践中去亲身地感受、感悟，才能感悟到大道之中的规律、人生之真谛。知行合一就是我们的觉悟之道。

认识自由，自在成长

最受企业界人士欢迎的十大名嘴之一曾仕强，曾讲过一个征婚的故事：有个人去征婚，婚友社有两个门，一个门写着年老的，一个门写着年轻的，他从年轻的门进去。又有两个门，一个是漂亮的，一个是难看的，他从漂亮的门进去。又有两个门，一个是有素养的，另一个是没素养的。他从有素养的门进去，结果，里面什么东西也没有，只有一面镜子，镜子旁写着几个字："请先看看你自己。"在现实生活中，许多人往往追求最好的，但恰恰没有认清自己，结果往往是一场空。

自，象形字，是"鼻"的本字。《说文·自部》："自，鼻也。象鼻形。凡自之属皆从自。"

𦣻，甲骨文。字形像人的鼻子，有鼻梁、鼻翼。

𦣹，金文。相对于甲骨文略有变形，中间用两横代表鼻翼𦣹。

自，篆文。承续金文字形。

"自"的本义是鼻子，脸部中央突出的呼吸器官。由于人在向他人称说自己时，习惯用手指着自己脸部的中央位置（即鼻部位置），于是"自"（即鼻子）便成了第一人称，即我们现在理解中的"自己"。这个字的来源体现了古人的自我中心意识。"自"通常表示自己，如孟子云："人必自侮，然后人侮之。""自"还引申为始、开头，如"自东自西，自南自北，无思不服"。"自"要求我们自己定好位，选好路，否则就会出现不同的结果。

由，象形字。《广韵》："由，从也。"即表示起始。《集韵》："由，因也。"即表示缘由。

甲骨文。像是器皿，像是液滴，字形像一颗液滴从器皿上方滴落。造字本义：通过器皿的小孔将油液滴入小口器皿之中。

金文。将甲骨文的液滴改成实心点。

籀文。将金文的液滴写在器皿之内，同时加人（人），表示漏斗或滴管。

篆文。从籀文变形而来。

"由"的意义大致上有三层。篆文的"由"字，由"田"和"丨"组成。其中的"丨"表示路，意指有一条路通到田里，指原因、由来、理由、情由。从字形看，"由"字上部像萌发的幼芽，下部像开裂的果实，象征着种子萌芽，抽出枝条，表示有了种子发了芽。"由"字又指遵从，如"民可使由之，不可使知之"。"自由"二字告诉我们自由的价值、内涵和实现自由的途径。

"自由"是每一个人心中的福田

自由是一种免于恐惧，免于奴役，免于伤害，实现自我价值的状态，是人类所追求幸福的目标之一。匈牙利诗人裴多菲的诗这样写道："生命诚可贵，爱情价更高。若为自由故，二者皆可抛。"在他看来，自由比生命、爱情更为可贵。其实对每个人来说，自由都有着至高无上的价值。而自由的意义，在于其人格的独立和思想的自在。有些犯法而坐牢的人，在大牢里往往是度日如年。对于一个失去自由的人来说，即使每天吃山珍海味也不会感到幸福。伊朗有一句谚语说得好："自由的乞丐，比囚禁的国王幸福。"不过在现实生活中，那些身在自由中的人，往往不会觉得自由是多么宝贵，只有在失去后，他们才会体会到自由如同空气一样不可或缺。

戴晋生是个很有才学的人，梁王见他气度不凡，是经国济世之才，便想赐予他高官厚禄，请他入仕，为自己出力。然而戴晋生却说："您见过那沼泽荒地中的野鸡吗？它没有人用现成的食物喂养，全靠自己辛勤觅食，总要走好几步才能啄到一口食，常常是用一整天的劳动才能填饱肚子。可是，它的羽毛长得十分丰满，光泽闪亮；它奋翅飞翔，引吭长鸣，那叫声弥漫在整个荒野和山陵。您说，这是什么呢？这是因为野鸡能够按自己的意志自由自在地生活，它不停地活动，无拘无束地来往在广阔的天地之中。现在如果把它捉回家，喂养在粮仓里，它必然失去朝气和活力，精神衰退。"说完戴晋生便告别梁王，不再回来了。

从这个故事中可见自由比物质要珍贵得多。自由是创造力、想象力，自由是快乐之道。但遗憾的是，在现实生活中，由于自由像空气一样平常，导致人们在享受它的时候，并不知道它的宝贵，只有在失去后，才感到追悔莫及。

"自由"是自在、快乐地自然生长

"由"字形如嫩芽出土，自然成长，有解放之后获得的充实感和喜悦感。"由"又与"游"谐音，意为自由地游动。这种成长是顺乎天性，没有压制的。在自然界中，各种生物相克相生，互相依托，谁要是破坏了这种平衡，就会带来灭顶之灾。

在美国，许多杂草随意生长，往年的枯叶仍然留在青草中间；而那些枯树，横七竖八地倒在林中，有的枯树与活树比肩而立。住在林中的美国人，在野外烧烤时，宁肯开车到商店花十几美元买一小捆劈柴也不走几步到林中捡些干树枝来用。这是为什么呢？一位生物教师说："20世纪末，加州曾发生过一次森林火灾。有人分析，此次火灾是由于森林中的枯枝、荒草助燃而造成的。于是，政府出资组织人力对其他森林中的枯树、荒草进行清理，以杜绝火灾隐患。后来几年，虽然没有发生大的火灾，但一种由云杉卷叶蛾引起的大面积虫害，其严重后果远远大于森林火灾所造成的损失。美国农业部的专家调查发现，造成虫害的原因居然是人们清除了森林中的枯枝、败叶。这是因为原本的枯树会形成一个个空洞，让鸟儿、蚂蚁在此安家，它们的存在能够极大地遏制害虫的繁衍。至于枯树、败叶涵养水分、营养树木花草的功能，那就更不必多说了！所以说自然界的一草一木，都有其存在的价值和合理性。人类所应该做的，就是尊重自然，保护环境，给动物、植物充分的生存自由与生存权利。"

其实人的成长也同样需要自由的空间。只有自由的空间，才能发挥其创造力。20世纪中国的改革开放，其实也是打破禁锢，不断地拓展人的自由空间的过程。比如给人自由择业、自由迁徙，从而释放出人的巨大的创造力。70多年前，现代教育家陶行知说过："我们要解放小孩子的空间，让他们去接触大自然中的花草、树木、青山、绿水、日月、星辰以及大社会中之士，农，工，商，三教九流，自由地对宇宙发问，与万物为友，并且向中外古今三百六十行学习。"但如今，家长都怕自己的孩子输在起跑线上，于是让孩子从小就学习各种知识、技能，使孩子失去了应有的天性。所以，就目前的情况来看，给孩子"松绑"，让他们享受自由之趣，应该成为家庭、学校和社会的共同责任。

"自由"需要理性的约束，要建立在自制和守法的基础上

"由"字是"田"字出点头，这意味着自由是有条件的，自由是以不影响他人的自由为前提。自由并不是为所欲为。卢梭宣称："人生而自由，却无所不在枷锁之中。"罗曼·罗兰说："一个人的绝对自由是疯狂的，一个国家的绝对自由是混乱的。"康德说："自由不是你想做什么就做什么，而是你不想做什么就不做什么。"黑格尔说："纪律是自由的第一条件。"穆勒说："个人的自由，以不侵犯他人的自由为自由。"孟德斯鸠说得更好："自由是在法律许可的范围内任意行事的权利。"自由与约束的辩证关系可以比作风筝与线的关系。通常而言，风筝能不能飞起来，能飞多高，取决于我们手里的线有多长，如果它完全脱离了我们手中的线的掌控，结果就是毁灭；反之，如果把

线拉得很紧，只收不放，只紧不松，风筝也飞不起来。这也好比有水就有岸，岸既规范着水的自在流淌，也避免了水的泛滥成灾。所以说，自由一定要在约束下进行，只有在法律允许的范围内做自己喜欢做的事情，才能实现真正的自由。

"由"字加三点水为"油"，这是润滑的液体，它告诉我们有油水的地方常常是光滑的地方，油水越多越滑。"由"字倒过来为"甲"，"由"伸头缩尾，"甲"则伸尾缩头，伸头缩尾是为了成长，伸尾缩头则是谦虚上进，这才能独占第一。

"自由"，要正确地认识自己

"自"字从目，表示一个人要有明确的人生目标，要看清自己，不断地提升自己。有人问古希腊哲学家泰勒斯："你认为人活在这个世界上，什么事情是最困难的？"泰勒斯回答说："认识你自己。"事实上，对自身的存在进行探索，自人类一诞生时就开始了。以往的人们抬头看天，想从茫茫星河中探寻宇宙的奥秘；他们低头沉思，向幽暗处挖掘人生的意义。其实认识我们自己，代表人在"知"方面的一种态度——与其去了解世界，不如多了解自我，因为人对世界的了解是永远都不可能足够的，也不可能停止，所以了解自我才是每个人最需要做到的。就像俗话说的那样："苦海无边，回头是岸。"这所谓的"回头是岸"便是指回到自己身上，做到了解自己。这是另一个出发点。

现代文明的发达和科技的进步，使人类在宏观上可以遨游于太空，在微观上能够直探物质的本原，发现物质的基本组织结构。但遗憾的是，这所有的一切都还远不能帮助人类进一步认识自己。

1884年，普鲁斯特在童年玩伴的生日宴会上回答了一份源于英国的流行问卷。这份问卷由一系列简单的问题组成，包括被提问者的生活、思想、价值观及人生经验等。当时13岁的普鲁斯特"最欣赏的男性品质"是"智慧、有道德"，"最欣赏的女性品质"是"温柔、自然、聪明"。时隔7年后，20岁的普鲁斯特再次填写了这份问卷，但他的答案有了很大的变化。这时，他"最欣赏的男性品质"是"有着男人的美德，在友谊中率直"，"最欣赏的女性品质"是"有着女性的迷人气质"。普鲁斯特这两次的回答有着很大的不同，后来研究普鲁斯特的人士还以此为依据来分析一个作家成长的变化，从此这份问卷便被命名为"普鲁斯特问卷"。直到现在，它仍被奉为每个人认识自己内心的有力工具。

"自"字的"目"字上面有"丿"，既表现一叶障目、以偏概全的意思，又会意做人不可目中无人，目空一切。其实这种态度是人性中的一种劣根性，如自卑、妄自菲薄会使人不思进取；自负、自高自大会使人骄傲自满，自取其咎。老子曾说："知人者智，自知者明。"因此，一个人要找准自己的方位，一定要知道自己的内心追求，自己的兴趣、爱好，自己的能力，这才是真正地认识自己，也才能获得有意义的人生。

大多数人想改造这个世界，但却极少数人想改造自己。

——列夫·托尔斯泰

每个到过威斯敏斯特大教堂的人，都会被一块普通的墓碑所震撼。因为在这块墓碑上，刻着这样一段话：

"当我年轻的时候，我的想象力从没受到过限制，我梦想改变这个世界。当我成熟以后，我发现我不能改变这个世界，我将目光缩短了些，决定只改变我的国家。当我进入暮年后，我发现我不能改变我的国家，我的最后愿望仅仅是改变一下我的家庭。但是，这也不可能。当我躺在床上，行将就木时，我突然意识到：如果一开始我仅仅去改变我自己，然后作为一个榜样，我可能改变我的家庭；在家人的帮助和鼓励下，我可能为国家做一些事情。然后谁知道呢？我甚至可能改变这个世界。"

当年轻的曼德拉看到这篇碑文时，竟有醍醐灌顶之感，声称自己从中找到了改变南非甚至整个世界的金钥匙。回到南非后，这个黑人青年从改变自己，改变自己的家庭、亲朋好友、社区着手，经历了艰辛磨难的几十年，终于改变了他的国家，迎来了和平。

解放

用好利刃，放飞梦想

　　有个名叫丁的厨师为文惠君宰牛，他娴熟的技巧让文惠君赞叹不已："嘿，厉害！你的技术怎么高明到这种地步呢？"丁放下屠刀说："我所喜好的是事物的规律，它比技术更进一步了。我开始宰牛的时候，看到的无疑是整头的牛；三年之后，就不曾再看到整头的牛了；现在呢，我用精神去接触牛，顺着牛体天然的结构，刺入大的缝隙，顺着骨节间的空处进刀；依着牛体本来的组织进行解剖，脉络相连、筋骨聚结的地方，刀都不曾碰到过，何况那粗大的骨头呢！好的厨师，每年换一把刀，因为他们用刀割肉；一般的厨师，每月换一把刀，因为他们用刀砍断骨头。而我的这把刀用了十九年，它宰过的牛有几千头了，可是刀口像刚从磨石上磨出来一样。因为牛体骨节间有空隙，刀口却薄得像没有厚度，把没有厚度似的刀口插入有空隙的骨节，对于刀的运转必然是大有余地的了。虽说是这样，每当遇到筋骨交错聚结的地方，我都会小心翼翼，目光集中到一点，动作因此放慢了，下刀非常轻，结果它霍地剖开了，肉像泥土一样散落在地上。我提着刀站起来，环顾四周，悠然自得。"文惠君当即表示，从中领悟到了保养身体的道理。

这是《庄子》里著名的寓言"庖丁解牛"，其意是用来说明养生之道，揭示做人做事要顺应自然规律的道理。

解，会意字。《说文·角部》："解，判也。从刀判牛角。"本义为屠宰分割牛，后引申指分解、分开、离散、消融、解脱、注解、理解、懂得等意思。

♔，甲骨文。像双手拔牛角形，表示正在牵牛，小点象征血肉碎屑。

♔，篆文。篆文双手讹为一刀并整体化。

"解"有三个读音，表示不同的意思。第一个读音jiě，会两手拔牛角之意，表示屠宰、分解；第二个读音jiè，多指押送财物或犯人，犹如用牛角顶着一样戒备；第三个读音xiè，多作姓氏，也泛指本事，使出浑身解数。

放，会意兼形声字。从方，表示远方；从攴，表示手持刑杖，会驱逐、流放到远方之意。《说文·放部》："放，逐也。从攴，方声。凡放之属皆从放。"

♔，甲骨文。在♔（人的头顶）上加一，表示将罪犯的头发剃光，并在脸上烙印或刺字，流放远疆，使其永生不得回返；在♔（人）的颈部加♔（刺状），表示披戴木枷。

♔，金文。将枷形♔简写成一横。当"方"的"流放"本义消失后，再加攴（持械击打、惩戒）表示，另造"放"代替。

♔，篆文。承续金文字形。

"放"的本义为驱逐流放。如《报任安书》中所说："屈原放逐，乃赋《离骚》。"在古代社会中，一般流放都是要到遥远的地方受苦役。虽然生活确实清苦，但由于远离中央，缺少了严格的管制，人的行为便少了约束，由此不免放荡不羁，于是"放"又有了"放纵""放任""放荡"等意义。由"放"字构成的词汇很丰富，如"放榜"是指公布考试录取者的名单。杜牧有诗云："东都放榜未花开，三十三人走马回。""放心"是指心中坦然，无所顾虑。"放灯"是指元宵节燃点花灯，让人观赏。"放生"是指将那些被捉获的鱼鸟等小动物放于山野或池沼中。

在当代社会，很多人不仅抵抗不了功名利禄的诱惑，同时还受到各种各样的束缚，导致他们的思想、观念都有桎梏。因此，解放思想是一项长期的任务。"解放"是一种人生境界、人生态度，也是一种处世方法。"解放"二字告诉我们心灵解放以及解决问题的态度、勇气和方法。

"解放"要有面对问题不怕困难的勇气

解，从牛，从角，寓意要拥有斗牛士的勇气，有一股牛劲牛气，勇于去"角斗"，对困难不回避。越是复杂的问题，困难也就越多，要有勇气和信心，才能去面对、去克服它。

我国"铁路之父"詹天佑就是一位勇于面对困难，敢于解决问题的科学家。1905年，清政府任命他为总工程师，修筑从北京到张家口的铁路。消息一传出来，国人认为是为中国争了一口气，帝国主义者却认为这是个笑话。原来，从南口往北过居庸关到八达岭，一路都是高山深涧，悬崖峭壁。如此艰巨的工程，外国工程师尚且不敢轻易尝试，更何况中国人呢？詹天佑毅然接受了任务，马上开始勘测线路。他经常勉励工作人员说："我们的工作首先要精密，不能有一点儿马虎。'大概''差不多'这类说法不应该出自工程人员之口。"詹天佑亲自带着学生和工人，扛着标杆，背着经纬仪，在峭壁上定点测绘。白天，他攀山越岭，勘测线路；晚上，他就在油灯下绘图计算。为了寻找一条合适的线路，他常常请教当地的农民。最后，京张铁路不满四年就全线竣工了，比计划提早两年。这件事给了藐视中国的帝国主义者一个有力的回击。

"解放"是放飞梦想

"放"的右边是一只手，梦想不是抓在手里，也不是捧在手心，而是要放飞出去。太容易实现的不是梦想，是想法。梦想是远大的，它需要追逐，需要全身心地投入，需要凝聚心血。为了实现梦想，就要放下包袱；成功放下，梦想终究能够放飞。

著名乒乓球运动员邓亚萍从小就酷爱打乒乓球，梦想着有朝一日能够在世界赛场上大显身手，却因为身材矮小、手腿粗短而被拒于国家队的大门之外。但她并没有气馁，没有因为自己的身体原因而自暴自弃；她选择放下心理包袱，把失败转化为动力，苦练球技，而持之以恒的努力终于催开了梦想的花蕾——她如愿以偿站上了世界冠军的领奖台。在她的运动生涯中，她总共夺得了18枚世界冠军奖牌。邓亚萍的出色成就，不仅为她自己带来了巨大的荣耀，也改变了世界乒坛只在高个子中选拔运动员的传统观念。

"解放"是放达心胸

"放"的左边是"方"，意味着一方天地。我们只有心胸宽广，心中有一方天地，才能包容万物，做一个放达的人。

春秋时期，有一次楚庄王宴请群臣，他的宠姬嫔妃也一起助兴。宴席之间，美酒佳肴，轻歌曼舞，直至黄昏仍未尽兴。于是楚庄王命人点烛夜宴，并让心爱的许姬和麦姬轮流为文武官员敬酒。突然，一阵风吹灭了宴席中的所有蜡烛。就在这时，一名大臣斗胆拉住了许姬的手；拉扯之中，许姬撕断衣袖得以挣脱，并扯下了那人帽子上的缨带。许姬回到座位上悄悄跟楚庄王告状，让楚庄王点亮蜡烛察看众臣的帽缨，以便找出那个无礼之人。然而楚庄王却下令暂时勿点蜡烛，要众臣去掉帽缨，以便更加尽兴饮酒。原来楚庄王认为酒后失态是人之常情，岂可因为这点小事而对大臣加以责罚。后来晋国和楚国交战，有位武将在几度交锋中都是带头冲锋陷阵，无视生死，最终打败了晋军。原来这位武将就是当时宴席之上失态的大臣，他感恩于楚庄王对他的厚遇，于是竭尽所有效忠于楚庄王。这便是著名的"绝缨之宴"的故事。正是由于楚庄王有这种心胸气概，才使得楚国越来越强盛。

"解放"是放下执着

"放"中有"方"，这个"方"是指方寸之心，只有放下了，才能自在。人在一无所有的时候，往往是没有负担的，然而一旦有了功名、地位、财富，心中就会有许多背负，而且很可能再也放不下了。这样，生活自然会感到很累。因此，当我们不堪生活的负荷，需要解脱的时候，不妨学会"放下"。佛家云："勘破、放下、自在。"一个人只有经历了漫长的人生跋涉后，才会明白生命的意义其实并不在于获得，而在于放下。放下，是一种境界，更是一种精神，它需要勇气和智慧。

从前有个和尚，破衣芒鞋，云游四方，常常背着一个布袋化缘。别人看他背着这么大一个布袋，以为是他们僧团用的、吃的，就一直不停地供养他。后来这个和尚嫌一个布袋不够，就背了两个布袋出门化缘。有一天，他装了满满两大袋的食物回去，走到半路时，因为布袋太重，就在路旁休息打盹。突然他听到有人说："左边布袋，右边布袋，放下布袋，何其自在。"他猛然惊醒，细心一想：对呀！我背着两个布袋，这么多东西缚住自己，压得喘不过气来，如果能够全部放下，不是很轻松很自在吗？于是，他丢掉了两个布袋，轻松回寺了。

放下是一种智慧，是智者口中的"得到"，而不是弱者口中的"放弃"。世间最珍贵的不是"得不到"和"已失去"，而是现在能把握的幸福，能把握的现在。放下，只是把自我的成就放下，并把众人的幸福提起。其实只要把世人的幸福放在心上，个人的得失成败自然就会放下。

放下，是不生活在自责和后悔之中。古希腊诗人荷马曾说过："过去的事已经过去，过去的事无法挽回。"在生活中，人们经常会做许多令自己后悔的事，然后产生许多悔恨，有的人甚至让这种情绪伴随生命的始终，导致终生痛苦。其实，人生一世，谁都会有遗憾、有后悔。我们与其后悔不已，自惭形秽，自暴自弃，不如痛改前非，亡羊补牢。人生是没有返程票的。正所谓覆水难收，悔恨无益；原谅自己，不要为过去的事后悔，这才是豁达的人生。

"解放"是放低身段

"放"字中的"方"，又是指一个人的方位。在人际交往中，我们要找准自己的位置，不要把自己的身段放得高高的，把自己置身于危险的境地。就好比山很谦卑，它尽管沉默，却造就了壮丽的风景；水也很谦卑，它总是向下，却造就了江河湖海。

在秦始皇兵马俑博物馆中，有一尊被号称为"镇馆之宝"的跪射俑，它左腿蹲曲，右膝跪地，是古代雕塑艺术的杰作。在已经出土的1000多尊陶俑中，除了这一尊外，其余都需人工修复。这是为什么呢？这主要得益于它的低姿态。跪射俑高度只有1.2米，而其他陶俑在1.8米至1.97米之间。这尊跪射俑由于低位而不会受到损害，又由于跪的重心在下而增强了稳定性。

其实，处世也是如此，保持谦卑的姿态，就可以避开无谓的纷争，就能避开意外的伤害，从而更好地发展自己。

解放他的头脑，使他能想；解放他的双手，使他能干；解放他的眼睛，使他能看；解放他的嘴，使他能谈；解放他的空间，使他能到大自然大社会去取得丰富的学问；解放他的时间，使他做自己喜欢的事。

——陶行知

陶行知先生是我国伟大的教育家，在这里虽然他讲的"六大解放"是对学生的教育而言的，但对成年人来说也是适用的。当今社会，人才是最宝贵的资源，而人才最重要的精神品格是具有创造性思维能力。陶行知先生说："创造力是千千万万祖先至少经过五十万年以来与环境不断奋斗所获得而传下来之才能之精华，教育是要在儿童自身的基础上过滤并适用环境的影响，以培养、加强这种创造力，使他们成长得有力量，以贡献民族与人类。"陶行知先生讲的这"六大解放"，核心的目的在于使人们有自由的思想、独立的人格，打破僵化的、封闭的思维方式，从教条主义、本本主义中解放出来，进行创造性的思维、创新性的实践，从而激发全社会的创造力。

超脱

敢走新路，超然物外

　　章太炎是清朝末年的国学大师，他善于说文解字。有一天，他心血来潮，戏称要为当时的名人测字。话音刚落，有人请他测康有为的"有"和梁启超的"超"字。章太炎先生略一沉思，说道：康有为的"有"字，"弄得大清大不成大，清不成清"；梁启超的"超"字是"召见后便出走"。当时康梁变法失败，康有为主张维新又力倡保皇，梁启超则在变法失败后逃亡日本。章太炎此语，名为"测字"，实则一语道破康、梁的历史局限，其中微含讽意，闻者无不解颐。

　　超，形声字。《说文·走部》："超，跳也。从走，召声。"本义为跳上，一跃而上，如"秦师过周北门，左右免胄而下，超乘者三百乘"。

，篆文。造字本义为挥手呼叫着追赶。

超，还有越过、跨过、超出、胜过等义。在我们的日常生活中，常用的词组有"超龄""超额""超速""超级""超自然""超阶级"等。

脱，形声字。《说文·肉部》："脱，消肉臞也。"《尔雅》："肉去骨曰脱。"去掉骨头上剩下的肉就叫作"脱"。

，篆文。从（肉），兑声。其造字本义是剔去兽肉中的骨头。

"脱"字后来引申为分离、逃脱、脱落、散落、放任等义。人都是光着身体来到这个世上的，即所谓"赤条条地来"。后来人们穿上了外衣，再后来又为自己的身子附加越来越多的东西，如财富、名誉、地位等等，身上背负的东西也越来越多。超脱是指一个人不受传统的约束，敢于追求自我价值，超越常规的思想，解脱世俗的束缚的状态，"解脱"二字反映了一个人的生活态度和人生境界，我们不赞成"一脱成名"，也不赞成"一脱致富"，但赞成解脱、洒脱、超脱的人生态度。

"超脱"是一种敢为人先的自信与智慧，要走前人没有走过的路

"超"字从"走"，"疾行曰趋，疾趋曰走"。走，在古代是快速奔跑的意思，引申为追赶、追求。敢于走前人没有走过的路，就是敢于第一个吃螃蟹。要善于独辟蹊径，善于站在前人的肩膀上，才能登上新的高峰。

世界上的科技发明，无一不是敢为人先的结果，爱迪生发明电灯的过程就是一个例证。当时，爱迪生要发明电灯，许多人泼冷水，甚至冷嘲热讽。但爱迪生不管这些闲言碎语，在这个无人知晓的领域里，大胆摸索，终于在一年之后，发明了能够照明45小时的电灯，成为一个伟大的发明家。

一个人要在学术、艺术上有新的突破，就要敢于走前人没有走过的路，敢于开拓新的领域，不能跟在别人的屁股后面，不能因守前人的结论和方法。一个地区、一个国家要有新的发展也是如此，改革开放广东走在全国的前面，正是按邓小平同志说的"杀出一条血路来"，大胆地试，大胆地闯，才创造了数不胜数的"广东第一"。不论是超越自己还是超越他人，都要敢于走新路，这是"超"的第一要义。

"超脱"是敢于打破思维定式，实现超越自我

"超"的本义是"跳也"，即跳跃，有超越之意。这正如追赶，一种是选择加速追赶，努力实现"弯道超车"，假如在对手遥遥领先的情况下，这种追赶是很吃力的。假如选择"换道超车"，则有可能走在前面。在我们的人生道路上，常有习惯性思维，而按部就班、墨守成规的结果是一事无成。

人生也常有这样的现象，许多障阻一开始时，在我们眼里都是那么的沉重和无奈。其实，只要我们鼓足勇气，就会发现它只不过是一层窗纸而已。有的时候，很多人不敢追求梦想，不是追不到，而是"自我设限"，缺乏勇气，缺乏跳跃的自信，正是懦弱使他们丧失了机会。

"超脱"是听从心灵的呼唤，听从使命的呼唤

超，从召。"召"是"招"的本字，表示挥手。"召"意为引导、呼唤。我们从事每一项事业，都必须有兴趣、热情、激情，所有这些都来自于心灵深处的呼唤，冥冥之中有一种声音、一种力量召唤你去努力、去实施。有这样一个故事表明，我们只有依照心灵的呼唤去努力，才能做出不凡的事业来。

美国西部的一个小乡村，一位家境清贫的少年在15岁那年，写下了他气势不凡的《一生的志愿》："要到尼罗河、亚马孙河和刚果河探险；要登上珠穆朗玛峰、乞力马扎罗山和麦金利峰；驾驭大象、骆驼、鸵鸟和野马；探访马可·波罗和亚历山大一世走过的道路，主演一部《人猿泰山》那样的电影；驾驶飞行器起飞降落；读完莎士比亚、柏拉图和亚里士多德的著作；谱一部乐曲；写一本书；拥有一项发明专利；给不幸的孩子筹集100万美元捐款……"他洋洋洒洒地一口气列举了127项人生的宏伟志愿。不要说实现它们，就是看一看，就足够让人望而生畏了。少年的心却被他那庞大的《一生的志愿》鼓荡得风帆劲起，让他从此开始了将梦想转为现实的漫漫征程，一路风霜雨雪，硬是把一个个近乎空想的夙愿，变成了一个个活生生的现实，他也因此一次次地品味到了搏击与成功的喜悦。44年后，他终于实现了《一生的志愿》中的106个愿望……他就是20世纪著名的探险家约翰·戈达德。当有人惊讶地追问他是凭借着怎样的力量，把那许多注定的"不可能"都踩在了脚下，他微笑着如此回答："很简单，我只是让心灵先到达那个地方，然后周身就有了一股神奇的力量，接下来，就只需沿着心灵的召唤前进了。"

把理想变成现实的最重要一步就是心先出发，然后踏出第一步，只要有开始，一切都会顺其自然地来到你身边。

"超脱"是一种超然物外的境界

"超"字有"走"字旁，疾行的意思。清代段玉裁《说文解字注》："跳一曰跃也。跃，迅也。"如此看来，要做"超"人，只有加快脚步，不停追赶。而如今，在这个竞争激烈的社会里，众人"急趋之"的莫过于"物"，即物质、名利。久而久之，物欲的躁动、追逐的劳累、取舍的烦忧只会成为沉重的负担。有时走得太远，往往忘记了原路；有时走得太快，往往会失去自我。不停地奔跑，也要懂得适当停下脚步，欣赏路上的风景。而追求目标，追求梦想，不是追求物质，追名逐利。要有一颗淡泊名利、超然物外的心。超然，遥远的样子，意即偶尔远离尘嚣。人生，需要有动也有静。"不以物喜，不以己悲"，只有超然物外，才能高出众人，超凡脱俗，这种超越又是人生另一番境界。这正如跳高一样，一个人假如背负的东西太多太重，是很难跳得高的。一个人要超凡、超越，就要摆脱功名利禄的羁绊，否则登不高，走不远，这正如过了河还背着船赶路一样。

一个作家假如为了稿费而写作，就不可能有传世之作。中国的四大名著，哪个作家是为了金钱而写的呢？居里夫人发现镭，也不是为了钱。艺术创作、科技发明只有为了人类的文明进步，才有不竭的动力。许多优秀的文学作品，其实都是作家在诉说自己的思想。一个人如果为物所奴役，必然有偏见、短视、狭隘，必然没有超然的心境。

巴尔扎克是法国现实主义作家的代表，他一生共完成了九十多部小说和随笔，平均每天工作十二小时以上。每天深夜十二点时，仆人就会叫醒他，他穿上白色修道服，开始奋笔疾书。一般他会连续写五六个小时，直到累到极点才会离桌休息。巴尔扎克曾自诩要超过拿破仑，"他的剑做不到的，我的笔能完成"。他的确做到了，虽然他只活了五十岁，却留下许多伟大的作品，为全人类提供巨大的精神财富。

只有懂得放下，减轻负担，才能得到解脱

脱，从月，从兑，本义为剔去兽肉中的骨头，引申为卸除、减轻之义。人生在世，要背负很多的压力和负担，在弱肉强食、竞争激烈的社会里，为了争取更多的生存空间和更好的生活条件，身心难免经受痛苦和煎熬。佛经云："有舍才有得。"什么

都争，什么都不愿意舍弃，只会徒增自己的负担，成为前进的累赘。只有懂得取舍，懂得放下对自己无用的、无益的、过多的物欲，才能减轻负担，减少烦恼。正所谓无欲则刚，贪欲只会成为一个人的软肋，懂得放下，才能脱胎换骨，蜕变成一个刚直不屈的人，一个轻盈洒脱的人。犹如"金蝉脱壳"，重获新生。"脱"音同"拖"，但意义相反，不"脱"则"拖"，不懂得放下，最终只会拖累自己。

有一位国王，整天闷闷不乐，就召集大臣来商议快乐的方法，大臣们都束手无策。有一位大臣排众而出说，找一个最快乐的人，把他的衣服脱下来给国王穿上，这样就会快乐起来。国王听后，就派人四处寻找最快乐的人，找了大半年时间，上至官宦，下至放牛娃，都没找到一个真正快乐的人。有一天，一位将军带着部下到一个偏远的小山村来寻找，一位村民说，他知道有一位真正快乐的人，将军喜出望外。村民说，这个人很奇怪，白天见不到他，晚上夜深人静时他就会出来在村头的小河边吹笛子。很快天黑了，一直等到半夜，果然响起了笛声。将军就带人循声找去，渐渐地靠近这个神秘的快乐人。将军大声问："你是最快乐的人吗？"那人回答："是的。"将军又说："国王想让自己快乐起来，但他要借你的衣服穿穿才行。"只听那个人说："对不起，我没有穿衣服，我一丝不挂。"将军听后大吃一惊，忙问："你不是最快乐的人吗？怎么衣服都没有？"那人说："因为我放下了一切，包括衣服，所以我才有真正的快乐。"将军急忙回去禀告国王，国王听后立马明白了，从此也成了真正快乐的人。

只有超然物外，不受肉体束缚，才能超凡脱俗

"脱"中有"月"，"月"字旁是肉的意思，而肉代表的是物质；"脱"中有"兑"，"兑"的本义为祝祷祈求，这是

一种与精神有关的行为，代表的是精神。故"脱"可以理解为精神摆脱物质的束缚。虽然精神是建立在物质基础之上的，但人活在世，不能一味追求物质的满足，而忽略了精神的塑造，更不能让精神为物质所驾驭、所奴役，使精神沦陷为低级的物欲。肉体享受物质追求，心灵更要淡泊名利，要借着知识、智慧、善意与爱，在精神上摆脱物质的束缚，在生活中摆脱各种利害。不为物役，不以物喜，不以己悲，追求心灵的成长和人性内在的精神解放，这样才能减少烦恼。只有真正地解脱，才能以一颗明净的心，去体悟生命的意义，诠释生活的真谛，实现对功利的超拔，对自我的超越。

宋朝的李沆做宰相时，在封邱门建了一座宅院，厅堂前的中庭，只够一匹马掉转回身。有人说："您的中庭太窄了！"李沆回答："房宅应当传给子孙，这中庭对宰相来说实在是太狭窄了，但对一位做奉祀的人来说，已经够宽敞了。"

北宋张知白做宰相时，生活仍旧勤朴。有些亲友劝他："现在您的俸禄已经不少了，为什么还这么节俭呢？"张知白感叹："由俭入奢易，从奢入俭难。我今天的俸禄，难道能永远保有吗？一旦失去今天的俸禄，家人习惯奢侈的生活已经很久，不能马上开始节俭，一定会导致流离失所。哪里能像我这样'在位时存去位想''当官时存失官想'，过的日子那么恒久呢？"

患得患失只会让自己更加不快乐，与其为了维持自己奢侈生活而不断奔波劳碌，还不如让自己一直保持原来的状态，该洒脱就洒脱，这样才是真的不为物役。

只有宠辱皆忘，超乎物外，才能过得洒脱

脱，从兑，这是"蜕"省，指蜕化、蜕变，从过去的束缚中

解放出来而获得新生。因此，人们把轻松愉快、无拘无束的样子称为"脱然"。现在许多人的生活并不洒脱，为许多事情心烦意乱，得失之忧、宠辱之扰无时不有。只有不以物喜，不以己悲，宠辱不惊，去留无意，才能临危不惧，泰然处之。在平淡中给自己一分力量，在赞扬中给自己一分淡泊，在喧嚣中给自己一分宁静。

一天晚上，明月当空，马祖道一禅师和三个得意弟子西堂智藏、百丈怀海和南泉普愿一起赏月。马祖道一问："你们看此境如何？"西堂智藏答："依我看，此时正好焚香讲经说法。"百丈怀海答："照我说呀，此时正是参禅打坐的好时机。"南泉普愿默而不答，拂袖便走。马祖道一禅师赞叹道："经入藏，禅归海，唯有南泉普愿独超物外。"马祖道一借赏月心境，让三位弟子领悟禅之要旨。他们三个人，有的执迷于经典的讲解，有的执着于禅的修行，只有南泉普愿不迷执一切法相，独超物外，达到了精神的绝对无碍。之后，三位弟子相继开悟，成为著名的禅师。

一个人不要把自己的金钱、功名看得太重，自然会有一个洒脱的人生。

是非审之于己，毁誉听之于人，得失安之于数，陟岳麓峰头，朗月清风，太极悠然可会；君亲恩何以酬，民物命何以立，圣贤道何以传，登赫曦台上，衡云湘水，斯文定有攸归。

——清·旷敏本

　　这是岳麓书院讲堂最长的一副对联。清代岳麓书院山长旷敏本撰。原联毁于抗战时期，现联为颜家龙补书。

　　上联：是非由自我审察，毁誉由别人评说，得失听从天命，不可强求。当我们登上麓山峰头，感受着朗月清风，天地万物的道理便可知，荣辱得失就可置于度外。下联：国家的栽培、父母的养育之恩如何回报，老百姓的日子如何过得更好，中华的优秀文化如何传播，登到山顶的赫曦台上，俯瞰衡云湘水，便可找到答案。这种人生态度其实就是超脱，超越了毁誉、得失的束缚，一切看得很平常，进入了随心所欲的状态。